통일한국의 경제비전과 환태평양 금융허브 모색

한국글로벌피스재단 편
조동성, 남광규, 천규승, 김동호, 윤경희, 안유화, 정유신 저

매경

통일한국의
경제비전과 환태평양
금융허브 모색

발행일	2022년 1월 25일
저 자	조동성, 남광규, 천규승, 김동호, 윤경희, 안유화, 정유신
발행인	남광규
발행처	(도서출판) 매봉
등 록	제6-479호
주 소	서울시 영등포구 국회대로 800
ISBN	978-89-92799-24-9 93320
정 가	12,000원

통일한국의 경제비전과 환태평양 금융허브 모색

한국글로벌피스재단 편

조동성, 남광규, 천규승, 김동호, 윤경희, 안유화, 정유신 저

(도서출판) 매 봉

2022

발간사

통일실천교수협회는 2020년 8월 14일(토) 16:30~18:30 글로벌피스재단 주관하에 '글로벌피스컨벤션 2021' 일환으로 실시된 통일경제 세션을 주재하였다. "통일한반도의 경제 비전과 환태평양 금융허브 모색" 주제로 줌으로 진행된 국제포럼의 목적은 경제 비전 설정과 추진전략을 발굴하는 데 있었다.

8월 13일 개최된 글로벌피스컨벤션 2021 하이 플레너리에서 문현진 세계의장이 "통일없이 한강기적은 쇠퇴한다"라는 발표를 하였고, 한국글로벌피스재단 서인택 이사장은 "통일을 실천하는 사람들의 통일운동 방향" 제하의 인터뷰에 출연하였다.

무엇보다도 성대한 행사를 개최하고 초대해 준 글로벌피스재단 설립자인 문현진 세계의장에게 진심으로 감사인사를 드린다. 또한 한국글로벌피스재단 서인택 이사장을 비롯한 스탭진의 지원과 이 포럼의 운영 및 출간에 함께 해 준 점 깊이 감사드린다.

글로벌피스컨벤션 2021 통일경제 세션은 발제 및 토론, 종합토의로 진행되었다. 조동성 박사가 좌장을 맡아서 남광규 교수, 천규승 이사장 두분의 발제 후에 김동호 위원, 안유화 교수, 윤경희 회장, 정유신 교수의 지정토론이 진행되었다. 다시 한번 참가자 모든분들에게 심심한 감사를 드린다.

통일 한반도는 비핵평화 국가로서 보편적 가치와 홍익인간사상을 추구하며, 영민한 외교와 강력한 국방력을 보유할 것이다. 미국과의 동맹과 동북아 다자협력을 안보전략의 양대축으로 하면서 금융 및 물류 허브로서 디지털 선도국으로, 열린 문화와 다양한 종교가 공존할 것이다. 억압과 빈곤으로부터의 북한 주민을 해방시켜 줄 것이며 인권유린과 가난으로부터 고통받고 있는 실패한 국가들에게 자유와 번영의 세계를 열어 나가는 모멘텀이 될 것이다. 통일한반도의 출현은 냉전체제의 종식이라는 문명사적 의미와 함께 갈등과 분쟁의 진원지인 한반도를 평화와 공동번영의 발원지로 전환하게 될 것이다. 통일한반도는 동서양 문명을 융합하여 인류공영의 새로운 르네상스 문명을 창조하는 데 주도적인 역할을 수행할 것이다.

통일실천교수협회를 대신해서 코리안드림 실현 운동과 남북통일운동에 함께 할 수 있게 되어 자랑스럽게 생각하며, 원대한 통일의 꿈을 이루어 나아갈 수 있기를 고대한다.

통일실천교수협회 **최종진** 회장

머리말

본 책자는 통일 한국의 경제 비전과 환태평양 금융 허브를 모색하는 세미나에서 발표하고 토의한 내용들을 정리한 글이다.

남광규 교수는 통일이 되는 경우 우리나라 경제가 세계에서 7위권으로 올라갈 것이라고 보고 있다. 천교승 이사장은 이에 대해 공감하면서도 북한이 한국 수준으로 올라오는 데 필요한 비용에 대해 우려했다. 또한 북핵 문제를 극복하고 글로벌 머니를 도입해야 한다는 제안을 했다. 두 분의 발표를 조합하면 한국의 미래에 대한 균형된 시각이 가능해질 듯하다.

남광규 교수가 통일 이후의 밝은 미래를 제시하고 천규승 이사장이 글로벌 머니를 들어와야 한다고 한 부분에 대해 김동호 논설위원은 상황이 녹녹치 않다는 문제를 제기했다. 안유화 교수는 이런 상황에서 미래 15년 동안 우리가 준비해야 할 내용을 제시했다. 우리들이 해외 교포 700만에 대해서 간과했던 부분도 말했고 코인 경제도 강조했다. 안 교수는 한국이 전통 금융시장에서 주도권을 잡지 못한 상태에서 치열한 경쟁을 무릅쓰고 전통 금융에 대해 시간과 노력을 쓰는 것보다 코인 경제라는 새로운 시장에서 치고나가는 게 훨씬 유리할 것이라는 제안을 했다. 중국의 CBDC를 벤치마킹하자는 제안도 했는데 한국은행이 귀 기울여야 할 부분으로 생각한다. 윤경희 회장은 금융에 대한 해박한 현장지식과 경험을 가지고 우리가 해야 할 역할을 제시했다. 안교수가 금융은 금융 분야가 아니라 제조 분야에서 다뤄야 한다고 말했는데 이 부분은 윤 회장이 금융은 삶의 일부라고 하신 말과 연결된다고 본다. 두 분의 말이 세미나의 전체적인 틀이 마치 레고 장남감처럼 잘 맞춰져 가는 느낌이 들었다.

특히, 윤 회장은 금융도 삶의 일부이고 금융이 여의도 한 구석에서 일어나는 다른 경제활동과 단절된 것이 아니라고 했는데 이 말에 100% 동감하면서 클러스터, 즉 산업군에 대한 연구를 하던 생각이 났다. 클러스터 이론에 의하면 한 지역에 특정 산업에 속한 기업만 모여있으면 경쟁력이 없고, 여러 산업이 한데 어울려야 한다고 본다. 이를테면 미국 뉴욕 맨하탄에 동서로는 6번가에서 9번가까지, 남북으로는 34번가에서 42번가까지 의류 기업들이 모여있는 가먼트 디스트릭트(Garment District)가 있다. 이 곳을 드려다 보면 이 안에 뉴욕타임즈 본사를 비롯해서 보그(Vogue)와 같은 패션 잡지사가 있어서 의류 산업에서 일어나는 여러 가지 활동을 실시간으로 신문과 잡지로 세상에 알려준다. 또 가먼트 디스트릭트의 서남쪽에 있는 첼시(Chelsea)라는 지역에는 수많은 예술가들이 모여 살면서 창조적인 활동을 하고 있다. 바로 이러한 동력이 가먼트 디스트릭트의 새로운 패션 디자인 트렌드를 이끌고 있다.

본 세미나에서 논의된 내용들이 통일한국의 경제 비전뿐만 아니라 4차 산업을 주도하는 한국의 금융산업에도 도움이 될 것으로 기대하며 의미있는 세미나를 준비한 한국글로벌통일실천교수협회와 글로벌피스재단 관계자에게 감사의 마음을 전한다.

산업정책연구원 **조동성** 이사장

CONTENTS

제 1 부

글로벌 피스와 통일을 실천하는 사람들

1장.
통일 없이 한강 기적은 쇠퇴

문현진(글로벌피스재단 설립자 겸 세계의장)

먼저, 이번 온라인 컨벤션이 성공할 수 있도록 도와주신 모든 분들께 감사드린다. 이 컨벤션을 통해서 진행된 다양하고 수많은 논의들은 분명히 많은 사람들이 자유롭고 통일된 한국을 만들기 위한 운동에 주목하도록 할 것이다.

이 운동은 시기 적절하다고 생각한다. 오늘날 북한의 상황이 점점 더 지속되기 어렵게 변해감에 따라 우리들은 통일의 목표를 향해 크게 다가갈 수 있는 기회를 맞이하고 있다. 북한의 국가경제는 그 기능을 잃어가고 있고, 중앙집중화된 산업은 기력을 상실하고, 커져가는 암시장과 연결된 지도층의 부패는 확산되고 있다. 그리고 강력한 공안정책을 지지하는 지도층과 더 큰 경제개혁을 바라는 지도층간의 갈등이 심화되고 있다는 증거도 있다.

김정은이 1990년대의 기근을 겪었던 고난의 행군을 북한이 또다시 견뎌야 할 것이라고 공개적으로 경고한 것은 북한정권이 어떤 경로를 선택할 것인지 보여주고 있다. 지난 수년간 이뤄졌던 평화회담으로 변화가 일어날 것이라는 희망은 부질없음이 밝혀졌다. 북한은 남한과 미국에 대해 더 호전적인 접근을 취하고 있으며 북한 주민들에 대해 가혹한 제한과 처벌을 강화하고 있다.

1 코리안 드림과 홍익인간

그러나 북한은 분명히 변할 것이며, 그로 인해 한반도 전체가 변할 것이다. 남북한은 어떻게든 통일될 것이다. 통일은 시간의 문제이지 가능성의 문제가 아니다. 오늘 우리가 자문해야 할 질문은 "통일된 한국이 어떤 나라가 될 것인가?"이다.

그저 기다렸다가 변화가 일어나면 거기에 반응할 것인가, 아니면 한국인으로서 우리가 지금 새로운 그 나라의 미래를 결정하기 위해 책임을 감당할 것인가? 통일된 한국을 건설하기 위해서 우리는 어떻게 접근해야 할 것인가?

우리는 반드시 궁극적인 비전을 가지고 출발해야 하며, 그 비전을 어떻게 함께 실현할지를 숙고해야 한다. 저는 그 비전을 "코리안 드림"이라고 부르며 그 자세한 내용을 동명의 책에서 논의한 바 있다. "코리안 드림"은 한국인들에게 부여된 홍익인간, 즉 모든 인류를 이롭게 하며 살라는 섭리적 천명에 근거하고 있다. 홍익인간 이상은 5000년의 한국 문화와 역사의 핵심에 자리잡고 있다. 그것은 한국 역사의 결정적인 순간에 시금석과 도덕적 나침반의 역할을 하였다. 홍익인간 이상은 보편원리에 근거하여 생명력과 내구력과 범주 면에서 현재의 이념적 분열을 훨씬 초월하는 이타적인 비전을 제시하고 있다.

이 민족성은 모든 한국인의 DNA에 공유되어 있어서 한국인을 하나로 뭉치게 해줄뿐만 아니라 새로운 나라를 건설할 영감을 불어넣어 준다. 그것은 한국인의 정신을 단적으로 보여주는 것이며 궁극적으로 3·1 독립운동에 담겨 있는 우리 선조들의 소망을 이뤄낼 것이다. 그 소망은 단순히 남북한이 하나되는 것이 아니다. 그것은 본연의 홍익인간 이상에 기초한 새로운 나라를 창건하는 것이며 오랫동안 성취하지 못한 우리의 운명을 실현하는 것이다.

2 한국인이 주도하는 통일

최근의 평화회담들이 과대포장되었다는 사실이 밝혀지면서 정치활동과 정부의 행동들은 평화통일을 이루는데 부족하다는 것이 드러났다. 한국 국민들과 재외동포들이 참여하는 통일을 위한 강력한 시민운동과 국제사회의 지지가 반드시 필요하다는 것이다. 정부의 협상은 북한의 핵위협이라는 한 가지 문제에만 편협하게 집중하기 때문에 인권과 자유라는 더 중요한 문제들을 희생하고 있다. 90년대 이후에 많은 협상이 진행되었지만 그 결과 불행하게도 북한은 핵으로 동북아와 세계를 크게 위협하고 있다.

신사숙녀 여러분, 우리는 지속적인 국제여론의 압박으로 많은 정부가 움직여서 결국 남아프리카 공화국의 인종차별정책이 종결된 사실을 기억해야 한다. 북한주민들이 수 십년동안 겪고 있는 참혹한 인권유린은 우리에게 똑같은 도덕적 분노와 행동을 요구하고 있다. "코리안 드림"에 기초한 통일을 적극적으로 지원함으로써 북한의 인권위기를 해결하기 위한 국제적인 압박을 증가시켜야 한다. 통일을 실천하는 사람들(AKU)은 이 목적을 달성하기 위해 대한민국과 재외동포 사회에서 한국의 미래에 대한 공감대를 형성해가며 쉬지 않고 일하고 있다.

통일을 위해 행동할 수 있는 자유와 수단을 가지고 있는 대한민국 국민들이 앞장서서 한반도의 통일을 주도해야 한다. 한국의 미래에 대해 적극적으로 토의하며 통일의 비전에 대한 국가적 차원에서 공감대를 만들어야 한다. 저는 홍익인간의 건국이상을 실현하려는 열망을 심어주고, 또 민주공화국의 높은 이상을 토대로한 새로운 나라를 세우려했던 3·1독립운동의 목표를 성취하려는 "코리안 드림"이 바로 그 비전이라고 믿는다.

3 통일없이 한강의 기적은 쇠퇴한다

대한민국은 전쟁으로 파괴되어 극도로 가난한 농업국가에서 현대적 첨단기술 국가로 변모한 놀라운 경제성장을 반세기 이내에 이룬 "한강의 기적"으로 유명하다. 그 성공은 바로 2020년에 세계 10위의 국내총생산으로 확인되었다. 그러나 한국 경제는 몇 가지 점에서 취약하기 때문에 그 성장이 위협받고 있다.

전통적인 한국의 산업과 시장에서 중국과의 경쟁이 심화되면서 수출주도의 성장이 한계에 다다르고 있다. 수입에 크게 의존하고 있는 오일과 가스와 같은 천연자원이 부족하기 때문에 한국은 국제가격의 변동에 취약하다. 거기에 더하여 사회기반시설과 같은 부문은 설비과잉으로 인해 성장을 위한 새로운 출구가 필요하다. 또한 초고령화와 출산율 감소 그리고 전통적인 가정에 대한 사회적 변화는 노동인력의 성장을 심각하게 저해하고 있다.

장기적인 면에서 통일은 이 모든 문제들을 해결할 수 있는 경제적 혜택을 가져다줄 것이다. 남북한이 갖고 있는 요소들을 연결하여 모두에게 혜택을 주는 시너지를 만들어 낼 것이기 때문이다. 한국은 고도의 경제성장을 이루었지만 성장을 위한 새로운 수단들이 절실히 필요하다. 북한은 개발되지 않은 천연자원이 있고 새로운 산업과 사회기반시설이 광범위하게 필요하며 확장될 수 있는 노동력이 있고 장기적으로는 더 큰 내수시장을 형성할 것이기 때문에 그러한 기회들을 제공할 것이다.

그러나 이렇게 가능한 보상들을 수확하기 위해서는 한국의 경제구조가 신속하게 변화되어야 한다. 통일된 한국이 경제적 발전의 또 다른 원동력이 될 가능성이 크지만 먼저 충분한 자본이 투자되어야 한다. 그런 투자가 이루어지려면 한국의 경제가 지속될 수 있도록 효율적이고 창조적이 되어야 한다.

4 한국의 창업가 능력 발휘

한국이 1970년대와 1980년에 주목할만한 산업화를 이룬 특징은 정경유착이었다. 전쟁으로 폐허가 된 한국이 과거의 농업국가에서 현대화된 국가로 극적인 변화를 이루기 위해 정부가 민영기업에 관여하는 것은 필수적이었다. 그러나 지금은 재벌 중심의 정경유착이 오히려 창업과 경쟁을 억누르고 부패를 증가시키며 국민들 사이에 계층적 불만을 조장하고 있다.

그 결과 고등교육을 받고 기술에 능한 젊은이들이 혁신과 창조를 통해 자신들의 꿈을 실현할 수 있는 진로와 취업의 기회를 잃고 좌절감에 빠졌다. 한국은 어느 선진국보다 대졸자들의 실업률이 높다. 이것은 엄청난 재능의 손실이며 사회불안의 요소이다. 결혼하고 가정을 이루는 젊은이들이 줄어들고 있다. 왜냐하면 그럴 수 있는 여력이 없기 때문이다. 그 결과 2020년의 출산율은 2019년에 비해 10퍼센트나 줄어들었다.

저는 한국이 자본을 더 쉽게 얻을 수 있고 외국의 직접투자를 유치하기 위해 규제를 줄임으로써 더 큰 경쟁력을 가지도록 한국경제를 개방해야 한다고 오랫전부터 주장해 왔다. 그렇게 하기 위한 가장 중요한 조치의 하나는 은행이 더 시장중심이 되도록 민영화하여 창업가 정신을 가진 개인들과 중소기업들에게 금융지원을 하는 것이다. 그렇게 개혁한다면 더 많은 사람들이 혁신과 자본창출에 참여하게 되어 한국은 즉각적인 혜택을 얻게 될 것이다.

이런 한국의 경제개혁이 장기적인 면에서 통일한국의 경제혜택과 연결된다면 기존 체제에서 소외된 청년들에게 일할 기회를 열어줄 것이라는 점이다. 새로운 한국의 경제가 건전하고 자유로운 경제원리를 바탕으로 세워진다면 얼마나 놀랍고 활기차겠는가? 저는 청년세대가 "코리안 드림"의 접근방식을 통해서 이렇게 극적인 변혁이 가능하다는 것을 이해한다면 그들이 "코리안 드림"의 가장 정열적인 지지자들이 될 것이라고 확신한다.

이러한 변화와 함께 서울은 동북아시아에서 사업과 금융의 새로운 중심이 될 것니다. 최근 홍콩에서 일어난, 자유를 탄압하는 사태는 전략적인 위치에 있고, 안정적인 민주정부와 뛰어난 사회기반시설과 혁신과 첨단기술 부문을 갖추고 있으며 상대적으로 열린 시장을 가진 서울을 자연스럽게 그 대안으로 만들어 주었다.

제가 주장하는 금융과 은행업무의 개선이 이루어진다면 한국은 마치 뉴욕과 런던이 대서양권의 허브인 것처럼 환태평양의 허브가 되어 세계에서 가장 역동적인 도시 중의 하나가 될 것이다. 그렇게 한국은 북한과 역내에서 개발에 필요한 국제자본을 창출하고 유입하는 중요한 역할을 할 것이다.

5 통일한국이 세계에 끼칠 영향

코리안 드림에 기초한 명확한 국가비전으로 통일된 한국은 21세기에 주도적인 역할을 할 것이라고 확신한다. 역내의 지정학적 안정을 보장할뿐만 아니라 세계평화와 번영을 주도할 것이다. 통일한국은 극단적인 이념과 정치의 분열도 통합적인 비전으로 극복될 수 있다는 것을 전 세계에 보여줄 것이다.

게다가, 통일한국은 비슷한 어려움을 견뎌낸 개발도상국들에게 주도적인 모델국가가 될 것이다. 대부분의 개발도상국들처럼 한국은 혹독한 식민지배를 경험했으며 냉전의 이념갈등으로 야기된 분단을 견뎌야 했다. 보편원리에 기초한 통일을 통해 한국은 20세기의 비극적인 유산들을 종식시키고 코리안 드림의 패러다임을 도입하려는 모든 국가들에게 국가변혁의 가능성을 보여줄 것이다.

통일이 가져올 시너지는 한국경제를 더 높은 차원으로 끌어올려 세계 경제 5위권안에 들게 할 것이다. 한강의 기적은 북한까지 확대되어 모든 한국인들에게 기회와 풍요로움을 제공할 것입니다. 은행경영의 개선은 창업가들을 위한 환경을 창조할 것이고 개혁과 더 많은 자본을 제공하며 더 큰 투자와 개발과 성장을 이끌어낼 것이다. 이러한 성취로 인해 한국은 다른 개발도상국들, 특히 전통적인 서구모델이 아닌 새로운 모델을 추구하는 나라들에게 영감을 주는 특별한 위치에 설 것이다. 한국의 장구한 역사와 6·25전쟁의 잿더미 속에서 세계적인 주도국가로 변모한 이야기는 많은 개발도상국이 공감할 수 있고 자기들도 그것을 이룰 수 있다는 열망을 갖게 할 것이다.

만약 한국이 "코리안 드림"에 뿌리를 둔 이 보람 있는 여정을 완수할 수 있다면 한국은 21세기의 지도국가가 될 것이다. 명확한 비전에 과감한 행동이 뒤따른다면 한국인들은 마침내 식민주의와 냉전의 잔재를 해결하고 분단된 조국을 통일할 것이며, 그 과정을 통해 통일한국은 동북아시아와 세계의 발전과 평화를 촉진하는 역동적인 나라가 될 것이다.

하나님의 축복이 여러분과 여러분의 가정에 함께 하기를 기원한다.

2장.
통일을 실천하는 사람들의 통일운동 방향

서인택(한국글로벌피스재단 회장 겸 AKU 공동의장)

사회 한국글로벌피스재단의 활동에 대해 말씀드리겠다. 아시다시피 한반도는 분단국가이다. 한국은 1945년 2차대전이 끝나면서 일본의 식민지배로부터 벗어난다. 그러나 2개의 코리아가 탄생된다. 바로 이데올로기 갈등과 외세의 간섭에 이루어진 결과였다. 그리고 일어난 6·25전쟁으로 수 백만 명의 한국인들의 사상자가 나왔다.

그러나 6·25전쟁은 한국인들 만의 내전이 아니라, UN을 비롯해서 수 십개 국가가 참여한 국제전이었다. 그 이후 남북한은 서로 다른 길을 간다. 남한은 눈부신 경제성장을 이루어 세계 10위권의 경제대국이 된다. 그러나 공산주의를 선택했던 북한은 전혀 다른 결과를 낳는다. 세계에서 가장 빈곤한 국가이며, 폐쇄적인 국가가 되었다. 그리고 북한의 핵무기는 한반도는 물론 세계평화와 안보를 위협하는 이슈가 되어 있다.

한국글로벌피스재단은 한반도 통일실현을 위해 새로운 접근법을 시도하고 있으며, 매우 성공적인 결과를 만들어 나가고 있다. 바로 AKU운동이다. 2012년 창설된 AKU는 빠르게 성장하여 현재 한국 전역에 지부가 세워져 가고 있고, 많은 시민단체들이 참여하는 최대 민간통일운동 단체로 발돋움해 나가고 있다. 한국글로벌피스재단이 이 AKU운동을 주도하고 있기에, AKU운동을 이끌고 있는 몇 분을 모시고 이야기를 들어보려고 한다.

먼저 한국글로벌피스재단의 회장이며, AKU의 공동의장의 한 분인 서인택 회장님을 모셨다.

사회 AKU운동의 차별점은 무엇인가? 먼저 통일운동이 Bottom-up 방식, 통일은 시민의 힘으로 해야 한다고 주장하고 있다. 정부가 아닌 시민이 주도가 되어야 하는 것은 이유가 무엇인가?

서인택회장 이제까지 통일문제는 정부의 정책만을 바라보고 있었다. 가장 중요한 문제에 있어서 시민들이 소외되어 왔다. 그러나 역사를 바꾼 큰 변화들은 시민들의 참여, 광범위한 대중적 지지가 없이는 불가능한 것이었다. 따라서 통일문제도 남북한 주민들, 해외동포들까지 포함해서 참여하는 운동이 필요하다.

사회 동서독 통일, 남아공의 흑백차별철폐운동 등 그 사례는 아주 많다. 그렇다면 시민들의 광범위한 참여를 이끌어 낼 수 있는 방법은 무엇인가?

서인택회장 코리안 드림이다. 한국은 반만년의 오랜 역사를 가진 민족이다. 역사, 문화, 언어 모든 면에서 정체성이 뚜렷한 민족이다. 한국인의 정체성을 들어가 보면 그 뿌리에 홍익인간이 발견된다.

문현진 박사는 그것을 코리안 드림이라고 규정해 주었다. 코리안 드림은 독립운동을 이끌었던 선각자들이 독립을 통해 이루고자 했던 새로운 나라의 꿈과 일치했고, 독립운동을 이끌었던 열망이었다. 한국인의 공통분모인 그 뿌리 속에서 통일을 통해 새로운 나라의 비전을 찾자는 것이다. 이것은 많은 한국인들의 동의를 얻고 있다.

사회 한국은 남북한이 이념으로 갈라져 있고, 남한사회도 진영갈등이 심하다고 알려져 있다. 코리안드림이 이념갈등을 극복하고 통일의 비전을 하나로 만들 수 있다면 획기적이라 말할 수 있겠다.

서인택회장 그렇다. 실제 코리안드림은 한국사회의 이념과 정파, 지역을 초월해서 지지를 얻고 있고, 이로 인해 많은 사람들이 통일천사운동에 동참하고 있다. 전국에 풀뿌리 조직이 탄생되고 있다. 이런 현상은 발견하기 어려운 일이다. 최초로 실현되고 있는 일이다. 만약 한국인들 모두가 코리안드림을 이해하게 된다면 엄청난 변화가 올 것이라 확신한다.

사회 어떤 활동들을 하고 있나?

서인택회장 우선 코리안드림을 공유하는 활동을 하고 있다. 그 방법은 강연과 세미나 같은 방식도 있다. 그리고 Youtube나 온라인 플랫폼을 통해서 활동이 이루어지고 있다. 또 한가지 방식은 문화적 방법을 통한 접근법이다. 2015년부터 K-pop이라는 음악을 통해서 새로운 통일운동의 영역을 개척했다.

젊은이들이 참여할 수 있는 공간을 확보한다는데 의미가 있다. 동시에 음악은 국경을 초월하기 때문에 국제적인 통일공감대를 만들어 나가고 있다. 그래서 이 캠페인을 'One K Global Campaign'이라고 부른다.

한국의 대표적인 K-pop 스타들, BTS를 비롯해서 유명가수들이 이 활동에 동참하고 있다. 풀뿌리 생활형통일운동을 만들어 나가고자 노력하고 있는 것이다. 모든 사람들이 통일에 기여할 수 있다라고 하는 것을 깨닫게 하는 인식 전환의 장을 만들어 나가고 있다.

사회 앞으로 AKU운동의 어떤 미래를 꿈꾸고 있는가?

서인택회장 이제 10년 달려왔다. 아직도 통일의 꿈을 이루기에는 부족한 점이 많다. 한 사람의 꿈은 꿈이지만, 함께 꾸는 꿈은 현실이 된다고 하지 않는가? 코리안 드림을 이해하고 주인이 되는 사람들을 많이 만들면 그것이 통일실현의 기폭제가 될 것으로 생각된다.

3인 동행 100만 통일천사를 1차 목표로 하고 있다. 저는 충분히 가능하다고 생각한다. 코리안 드림이 있고, 진정성이 있기 때문이다.

제2부

통일한국의 경제적 비전

3장. 통일한국의 경제 비전:
통일비용준비를 위한 여의도국제금융허브의 모색

남광규(고려대학교 아세아문제연구소 북한연구센터장)

통일은 한반도가 선진 일류국가로 도약해서 21세기 국제사회의 주역이 되는 한민족 도약의 계기가 된다. 물론 통일이 되려면 장애물이라고 할 수 있는 핵문제가 해결되고 한반도에 진정한 평화가 정착되고 남북이 공존할 수 있는 내외적 환경 조성이 우선되어야 한다. 이를 바탕으로 남북경제공동체를 구축하고 남북한 자유왕래를 통한 분단극복을 통해 21세기를 주도할 수 있는 통일한국의 비전을 그려볼 수 있다.

통일한국은 민주주의구현, 시장경제 확립, 국제사회와의 조화를 추진하는 체제가 되어야 한다. 한반도 평화의 길과 한민족공동체의 방향은 21세기 보편적인 세계사의 진행과 인류사회가 나가는 방향과 같이 가야 한다. 21세기 세계화의 흐름 속에서 대한민국의 선진화와 남북통일, 한민족 시대의 도래를 추구하는 시대적 과제를 달성해야 한다. 통일한국은 선진국과 후진국 간의 가교 역할을 할 수 있는데 대한민국은 국제사회의 원조를 받던 국가에서 후진국을 도와주는 최초의 공적개발원조(ODA) 국가가 되었기 때문에 선진국과 후진국 간에서 상호 조율을 할 수 있는 입지를 이미 확보하고 있다. 나아가 통일한국은 이질적인 체제의 성공적인 통합모델을 제시하는 사례로 작용하여 내전이나 내부갈등을 빚고 있는 후진국의 통합모델이 될 수 있다.

통일한국은 세계화, 선진화, 민주복지의 시대정신을 바탕으로 세계와 동북아 그리고 한반도의 미래로 연결시키는 국가발전의 청사진을 제시하는 국가목표를 추구해야 할 것이다. 통일을 분단된 국토의 통합이라는 물리적 결합의 의미보다는 남북한을 포함해 전 세계에 산재하고 있는 한민족공동체 네트워크형성으로 받아들일 필요도 있다. 현재 전 세계에 진출해 있는 한민족을 통해 자유, 평화, 민주, 통일의 가치를 바탕으로 글로벌 코리아(GLOBAL KOREA)와 한반도 선진화 기반을 조성할 수 있는 각종 사업을 전개할 수 있다. 전 세계에 흩어져 있는 800여 만 명의 한민족공동체 네트워크 구축을 통일한국의 국제적 역할을 강화해야 한다. 국제사회 속에서 한민족의 좌표를 설정하고 한민족이 긍정적인 역할을 할 수 있도록 노력하는 것이 올바른 민족자주와 자존의 길이다.

문명사적으로 통일이 된 원코리아(ONE KOREA)는 대륙문명과 해양문명을 잇는 문명의 허브가 되며 경제, 문화, 평화강국으로 21세기 국제사회에 기여할 수 있는 기회를 마련할 수 있다. 통일한국은 선진 일류국가로 가는 과정이며 21세기 세계 중심국가의 역할을 할 수 있는 한민족 도약의 계기가 될 수 있다. 통일한국은 대륙세력과 해양세력의'평화적 완충국가'의 역할을 통해 동북아 지역의 안정적, 항구적 평화보장이 가능케 될 것이다. 분단 상태에서 대륙세력과 해양세력은 불안정하고 불투명한 전략 환경을 극복하기 어려웠으나 통일 한국으로 인해 안정적인 균형 상태를 기대할 수 있다. 이를 통해 통일한국과 동북아 주변 국가들뿐만 아니라 동북아 주변 국가들 사이에도 상호이익의 '윈-윈'(WIN-WIN) 관계가 창출될 수 있는 국제적 편익이 발생할 수 있다.

통일한국으로 인해 동북아 지역의 갈등과 긴장이 해소되는 한편, 동북아 지역의 평화와 번영의 이익을 가져다 줄 수 있다. 통일한국으로 인해, 국제적 분단비용이라 할 수 있는 한반도 긴장과 갈등으로 초래되는 소모적 손실을 해소하고 동북아 평화이익을 보장받을 수 있다. 나아가 비핵평화통일로 동북아의 갈등의 소지와 긴장 원인이 근원적으로 해소되는 것은 한반도 비핵화에 국익을 공유하고 있는 미국, 중국, 일본, 러시아 모두에게 이익이 된다. 더 나아가 비핵은 대량살상무기(WMD)의 폐기를 이끄는 계기가 되어 동아시아의 평화와 공동번영 및 세계평화에 크게 기여하여 21세기 새로운 '평화문화'를 창조할 수 있는 기반이 될 것이다.

이런 거대한 장미빛 비전을 실현하기 위해서는 통일을 구체화할 수 있는 현실적인 준비가 지금부터 있어야 한다. 한반도가 만약 2030년 정도에 통일이 된다고 가정하고 통일 10년, 그러니까 2040년 쯤의 통일한국의 국제적 위상에 대해서 전망해보자. 경제적 비전을 중심으로 해서 전망하고 있고 현재 상황과는 큰 거리감이 있지만 원코리아에 대한 비전을 해보자는 생각에서 가정해보자.

통일 10년 후 원코리아에 대한 비전이 현실화 되기 위해서는 다음의 몇 가지 전제조건이 필요하다. 첫째, 핵문제가 해결되고 미북관계와 북일관계가 정상화되어 북한이 국제사회의 정상적인 일원이 되어야 한다. 둘째, 한반도에 진정한 평화가 정착된 후 남북경제협력이 심화, 발전되어 남북 경제공동체가 형성되어야 한다. 셋째, 북한의 체제 변화와 시장경제 도입을 바탕으로 남북한이 민주적인 평화통일을 이루어야 한다. 넷째, 현재 미중대립이 깊어지고 있지만 동북아국제질서가 안정적으로 관리되어져야 한다.

이상의 전제조건들을 바탕으로 통일이 되면 통일한국의 인구와 국토 크기는 인구 7,600만 명 면적 22만 평방킬로미터(㎢) 정도로 영국, 독일, 이탈리아와 엇비슷한 국가 규모를 갖게 된다. 통일한국은 당연히 한민족 도약의 기회가 될 것인데 경제적으로 내수시장의 확대, 자연자원의 통합적 이용, 지정학적 위치를 활용한 글로벌 국가정책의 추진, 국방비 감축과 그동안 분단으로 인해 파생한 사회갈등요인들의 감소 등이 해소될 것이다. 통일한국은 사유재산권을 보장하고 균등한 기회와 선택의 자유를 허용하며 사회적 기여에 상응하는 보상을 통해 민간의 활력이 넘치는 자유 시장경제를 구현해야 한다. 현재도 대한민국은 대외무역이 없이는 국민의 생존과 번영을 보존할 수 없는 나라로 국토는 작고 인구는 많으며 에너지 수입 의존도가 97%에 달하고 있다. 따라서 자유무역은 향후 통일한국이 자유와 평등과 번영으로 가는 올바른 방향이다.

과거 통일준비 차원에서 스위스 국제경영개발원, 국제금융기구(IMF), 러시아 사회과학연구소, 골드만삭스 등 유수의 국제기관들이 추정한 수치에 따르면 통일 후 10년 뒤 인 2040년 경 통일한국은 국민총생산(GDP) 7위, 무역규모 7위, 국가경쟁력 7위, 선진화지수 10위, 국가브랜드지수 7-8위, 인간개발지수 7-8위권 등 종합적으로 세계 7위 권의 국가가 될 것으로 추산되었다. 물론 현재 대한민국의 국제적 위상이 12위 권 안팎으로 평가받고 있지만 통일한국은 북한을 포함하는 전망이라는 점을 감안해야 한다.

이를 바탕으로 통일한국은 동북아경제공동체를 모색할 수 있는 중요한 계기가 될 수 있다. 통일한국의 경제력 강화로 인해 동북아경제공동체 형성이 본격화 될 수 있다. 동북아 국가들 사이에 긴밀한 경제협력과 인적 교류를 강화시키기 위해 동북아 국가들 간 철도연결과 바다와 육지를 잇는 해저 터널의 구축도 가능하다. 다양한 분야의 에너지 협력과 자유무역협정(FTA)을 중심한 인적, 물적 교류의 확대로 단일한 동북아경제공동체가 탄생할 수 있다. 또한 현재 4차산업으로 경재구조가 혁명적으로 변화하고 있는데 한국, 중국이 앞서가고 있기 때문에 21세기 세계경제의 신동력을 갖출 수 있다.

통일한국의 경제는 동북아 국가들에게도 이익을 줄 수 있다. 경제적 측면에서 통일한국의 출현은 일본에 버금가는 경제력을 지닌 경제적 협력자를 확보하는 것이기 때문에 미국도 환영할 일이다. 통일한국이 이루어지면 오래지 않아 미국을 제외한 G-7과 비슷한 규모의 GDP 경제력을 갖출 수 있기 때문에 통일한국은 미국의 대한국 투자의 요인을 증대시킬 수 있다. 특히 통일한국은 세계경제를 이끄는 첨단 선도산업 분야에서 미국과 중요한 협력관계를 가진다. 한미 FTA체제 하에서 통일한국은 인구 7,600여 만 명의 규모가 되어 분단 상태의 한국에 비해 보다 넓은 시장을 미국에 제공하게 된다. 농산물 경작에 부적합한 북한의 사정으로 인해 곡물 수입량 증가 등으로 한미FTA의 북한지역으로의 확장 효과를 예상할 수 있다.

통일한국은 대륙과 해양을 잇는 물류중심지로서의 급속한 부상이 예상되기 때문에 통일한국과의 경제협력은 미국의 자유무역을 위한 수송로서의 역할을 제공하게 된다. 통일한국은 한반도 내의 강력한 경제공동체의 출현을 의미하는 것으로서, 세계경제의 위기 발생 시 이를 함께 감당할 수 있는 완충자를 추가적으로 확보하는 것을 의미한다. 결국 통일한국을 통한 글로벌 경제리더십의 확대는 미국의 입장에서 볼 때, 보다 호의적인 세계경제 질서 주도의 여건이 형성되는 것을 의미한다.

통일한국은 중국에게 있어서 북한 난민 걱정에서 벗어나게 된다. 국제 사회의 대북 투자로 일자리가 늘어나고, 우리 정부가 북한 주민에게 토지·주택 소유 같은 인센티브를 제공하면 북한 주민들이 중국으로 대거 넘어가는 일은 없을 것이다. 통일한국은 중국의 낙후되고 저 발전된 동북 3성과의 협력과 러시아 극동지역의 발전을 용이하게 하여 공동번영을 도모할 수 있다. 중국은 대북지원에 따른 경제적 부담이 없어지고, 통일한국이 중국에게 엄청난 시장과 투자기회를 제공하는 경제협력 파트너로 등장하게 된다.

또한 중국의 해양으로의 진출을 적극 보장함으로써 중국 동북방 지역과 중국 내륙과의 원활한 물류 유통과 함께 일본, 태평양 등의 해양 진출의 길을 활짝 열 수 있게 한다. 통일을 통해 한중간 인적, 문화적 교류가 대폭 확대되면서 양국 간 상호이해가 증진되고 문화적 인식의 공감대가 형성되어 중국 내 반한감정과 한국 내 반중감정도 해소될 것이다.

통일한국을 통해 일본이 한반도와 연결되면 중국의 동북 3성, 시베리아 극동지역의 공동 진출로 대륙과의 연결과 소통이 가능해지며 이를 통해 일본은 새로운 성장 동력을 확보함과 동시에 21세기 동아시아 공동체를 열어갈 수 있게 된다. 일본은 기술과 자본력을 바탕으로 통일한국에서 새로운 사업 기회를 잡을 수 있고 경제통합을 모색할 수 있다. 통일한국과 일본이 경제적인 상호의존을 심화시키고 시장경제를 확대하는 경제통합을 주도하면 일본은 국내적 불황의 탈출과 함께 중국에 대응할 수 있는 새로운 시장을 확보하게 되는 계기를 마련할 수 있다.

통일한국과 일본의 협력은 국제사회에 대한 공헌을 높여주는 시너지 효과를 창출할 것이며 국제공공재를 제공하는 역할의 확대를 가져다 줄 수 있다. 일본은 국제적인 위험에 대처할 수 있는 인재와 시스템이 부족한데 통일한국과의 협력을 통해 이를 보완함으로써 국제공헌국가로서의 역할이 확대될 수 있다. 일본은 이웃 한반도에 일본에 버금가는 경제력을 지닌 경제협력자를 확보할 수 있기 때문에 일본경제에도 좋은 기회가 될 수 있다. 통일한국을 통해 일본은 기술과 자본력을 바탕으로 새로운 사업 기회는 물론 경제통합을 모색할 수 있다. 통일한국과 일본이 경제적인 상호의존을 심화시키고 시장경제를 확대하는 경제통합을 주도하면 일본은 국내적 불황의 탈출과 함께 중국에 대응할 수 있는 새로운 시장을 확보하게 되는 계기를 마련할 수 있다.

통일은 한반도 비핵화를 실현시키고 안정된 한반도와 동북아를 통해 러시아 접경 지역의 불안정 요소를 제거할 수 있으며 중국과 일본에 대한 견제의 지정학적 국가이익에 긍정적인 영향을 줄 수 있다. 이처럼 통일한국이 러시아 국경지역의 불안정 요소를 제거하는 한편 극동지역에 대한 투자 여건을 개선함으로써 러시아 국가이익에 기여할 수 있기 때문에 러시아가 통일에 반대할 하등의 이유가 없다. 시베리아 횡단 철도와 에너지 파이프가 한반도와 연결되면 양국은 경제적 이익을 확대할 수 있다.

극동 지역의 대규모 개발 계획들, 한반도 종단철도(TKR, Trans- Korean Railway)와 시베리아 횡단철도(TSR, Trans-Syberia Railway) 연결 사업, 시베리아 가스관 부설 프로젝트와 사할린 가스의 한반도 종단 문제, 러시아-남북한-중국을 잇는 송전망 구축계획을 통한 경제적 이익이 될 것이다. 현재 한·러간 '전략적 협력동반자' 관계를 맺고 있는 상황에서 통일한국의 등장은 러시아에게 실질적인 경제적 실익을 제공해 줄 수 있다. 북한의 노동과 자원을 활용하고 한국의 기술과 자본이 투입되는 각종 경제협력이 활성화됨으로써 이와 연계된 러시아의 경제적, 인적교류의 증진도 이루어 질 수 있다. 통일한국의 투지와 기술 및 자본의 유입은 러시아 극동·시베리아 발전에 매우 우호적인 경제적 환경을 조성할 수 있다. 통일한국은 상대적으로 부담감이 적고 러시아의 극동시베리아지역 개발에 직접 투자하고 참여할 수 있는 경제적 후원자의 등장을 의미한다.

통일한국은 북한으로 인해 추진되지 못했던 장애물이 제거됨으로써 북한지역이 연계된 대형 프로젝트 및 남·북·러 3각 경제협력이 현실화됨을 의미한다. 한반도 종단철도, 시베리아 종단철도의 연결과 함께 한국의 기술과 자본, 북한의 노동력, 러시아의 자원과 토지를 연계시켜 연해주 농업개발을 비롯해 두만강 접경 지역에 남·북·러 3각 경제 특구를 설치하고 공동개발을 가능하게 한다. 더 나아가 러시아는 통일한국을 통해 동아시아 경제권의 편입을 가속화 시킬 수 있으며 환동해권 해상협력 및 환동해 공동체 개발 등 국제경협 사안도 활발해질 수 있다.

그러나 통일한국을 실현하기 위해서는 엄청난 통일비용과 함께 통일 과정과 통일 이후 북한개발에 필요한 개발비용이 필요하다. 통일비용을 추정해본 결과 통일과정이 10년 걸린다고 볼 때, 통일비용이 최소 2,500억 달러에서 최대 2조 달러까지 들 것으로 추정되었다. 각각 1년에 250억 달러, 2,000억 달러가 소요되는 셈이다. 이렇게 통일비용이 약 8배 정도 차이가 나는 이유는 통일과정, 통일 시기와 방법, 통일 당시 남북한의 경제력 격차, 북한지역의 소득수준 등의 차이점을 감안했을 시 편차가 많이 발생하고 있다. 현재 대한민국의 1년 수출과 수입을 합치면 1년에 1조 달러를 넘어가니 대략 통일비용을 최대치로 볼 때, 2년 치 수출과 수입이 모두 투입되어야만 통일을 감당할 수 있는 셈이다.

그렇다면 이런 막대한 통일비용을 어떻게 조달할 수 있는가 할 때, 하나의 대안으로 지금부터 한국에 국제금융의 허브를 구축하는 것이다. 때마침 〈국가

균형발전위원회〉가 홍콩의 '국가보안법사태' 이후 보고서를 보면 여의도에 특구를 지정해 향후 30년 계획으로 지속적으로 아시아 금융허브정책을 지원할 수 있다고 제안하고 있다. 일부 정치권에서는 여의도 국회를 이전해 세종시로 가자는 논의도 나오고 있는데 여의도 국회가 이전될 경우 이 부지를 금융특구로 조성하자는 제안을 하고 있다. 그렇지 않아도 현재 여의도에는 KDB산업은행, 수출입은행 등 국책은행과 함께 민간 은행, 증권사가 밀집해 있어 금융특구로서 가능성을 이미 확보하고 있다. 최근에는 여의도 금융과 4차 산업혁명을 융합한 산업클러스터로서 디지털금융과 핀테크(Fintech) 조성이 급속하게 진행되고 있다.

한국은 일본의 낙후된 금융시스템과 정보시스템 수준, 싱가포르의 친중국 및 비싼 체재료와 임대료에 비교해 금융허브 유치 인프라경쟁력이 높다. 세계 최고 수준의 IT기술과 아시아 항공허브인 인천국제공항과 가까운 거리에 여의도는 위치하고 있다. 현재 여의도는 증권·자산운용·보험사 등 전통 금융기업들이 대거 자리잡고 있으며 최근 금융권에 핀테크 열풍이 불면서 금융과 혁신기술을 접목하려는 시도가 활발하게 진행되고 있다. 여기에다 노후된 여의도아파트단지 재건축 계획을 금융허브 맨하튼 조성과 연결한 계획과도 연계시킬 수 있다.

때마침 20201년 6월 국제금융기구인 중미경제통합은행(CABEI)이 년 내에 한국사무소를 여의도에 유치하기로 결정했다. CABEI는 엘살바도르, 니카라과, 온두라스, 코스타리카, 과테말라 등 중미 5개국이 중미지역 균형개발과 경제통합을 위해 1960년에 설립한 기반시설·에너지특화 개발은행으로 현재 회원국은 15개국이다. 규모는 작겠지만 CABEI 한국 사무소 개관으로 '아시아금융허브'로 여의도의 가능성이 제고되는 계기가 될 것으로 기대한다.

4장.
환태평양 금융 허브 모색

천규승(미래경제교육네트워크 이사장)

존경하는 조동성 총장님을 모시고 지금 여기 원코리아 국제포럼 경제 세션에서 나누는 우리들의 이야기가 남과 북의 통일 과정에서, 나아가 통일이 이루어지고 난 이후에도 우리나라의 경제적 안정에 이바지하게 되기 바란다.

오늘의 발표 주제는 통일 한국의 경제 비전과 환태평양 금융허브 모색의 방향이다. 무엇보다도 먼저 현재의 경제적 상황에서 과연 남과 북이 어떻게 변화할 것인지에 관한 객관적 문제의식에서 논의를 시작하겠다.

과연 통일은 이루어질 것인가? 통일 한국은 경제적 축복이 될 것인가?

원코리아 포럼의 외교, 안보 등 다양한 세션에서 이미 통일의 가장 큰 장애요인이 결국 북한의 핵무기 보유 문제라는 이야기가 많이 나왔다. 북이 핵을 포기할 것인가에 관해서는 대부분의 전문가가 비관적인 입장을 보였다. 북의 핵은 이미 변수가 아닌 상수화하고 있다. 남한 정부를 포함한 국제 사회가 북의 핵을 제거하거나 최소한 효율적으로 제어하지 못하는 한 남북통일은 실현 불가능하고, 통일한국의 경제적 비전 논의도 구두 선이 될 뿐이다.

통일 논의가 최근 들어와서 주춤하고 있다. 남북 정치권이 느닷없는 교섭을 벌여서 통일 분위기가 무르익나 했더니 서로의 셈이 달라서 삶은 소 대가리가 언급되는 등 남만 못한 관계가 되고 있다. 결국은 실천적인 준비 없이 구두로만 외형적 성과를 서둘렀기 때문이다.

현재로서 남북은 동질성을 찾기 어려울 정도로 거의 모든 분야에서 다르게 변해 있다. 서로 다른 체제에서 적절한 교류 없이 76년을 살아오는 동안 말도 바뀌고, 사고방식도 바뀌었다. 국민적 인식, 경제, 문화, 사회, 정치체제 거의 모든 면이 달라져 있다. 자유민주주의의 중심에서 시장경제의 혜택을 받아 온 남한과 달리 북한은 전체주의적 충성심으로 경제적 성과를 갈음한다. 그 사이 아시아의 극빈국이던 남한은 세계 경제의 리더로 부상했고, 중공업 국가로서 제삼 세계의 리더를 자임하던 북한은 식량 자급이 어려울 정도의 최빈 후진국으로 전락해 있다.

남과 북 어느 쪽도 체제를 포기하려 들지 않는다. 한쪽은 다른 쪽의 비참한 실상을 보며 체제의 수월성을 압박하고, 다른 쪽은 체제 포기 시의 불이익을 두려워하여 체제 수호를 절대시한다. 남은 통일비용을 걱정하고, 북은 시장으로의 수용을 두려워한다. 남은 북의 자원을 거론하지만 북은 실상 조업권, 채굴권 등 주요 자원의 이용권을 중국으로 넘긴 빈털터리 상태이다. 남은 북을 시장으로 보지만, 북은 그럴만한 소비 여력이 없다. 과연 통일은 이루어질 것이며, 축복이 될 것인가?

통일은 구호로 이룰 수 있는 것이 아니다. 어느 한 집단의 섣부른 의지만으로도 되지 않는다. 다양한 상황에 대비한 실효적 시나리오를 전방위적으로 실천할 수 있는 기반을 마련해야 한다. 정책적으로도 다양한 준비가 선행되어야 하지만, 그중에서도 가장 앞서야 할 준비는 남북 주민이 통일된 사회를 같은 방향에서 바라보는 것이다. 통일은 환상이 아니라 어떻게 먹고 살아야 할지에 관한 고민이 전제되어야 하는 현실이기 때문에, 적대적 체제로 살아온 지 76년의 경제적 프로토콜을 맞추는 작업이 필요하다.

통일에 관한 남한 국민의 인식은 다양하나, 분단을 겪은 60, 70대에는 통일이 염원이지만, 분단 이후 세대에는 구호로만 그칠 가능성이 크다. 40, 50대는 진영논리와 경제적 실익으로 통일을 바라보고, 20, 30대에게 통일은 사회적 이슈로 존재하지만, 선진국으로 진입한 후 낳고 자란 10대에게 통일은 개념으로만 존재하기 쉽다.

그렇기에 통일을 이루기 위해서는 남북 관계 개선에 앞서 남한사회의 정서적 통일이 우선되어야 한다. 신뢰 기반 없이는 누구도 함께 살 수 없다. 무엇보다 먹고사는 일에 믿음이 가야 한다. 돈을 벌고 쓰는 일에 신뢰가 형성되어야 한다. 그렇기에 통일로 가는 길의 시작은 신뢰의 기반을 닦는 일이고 그 신뢰의 대가가 가시적이어야 한다. 그다음이 국제 사회의 동의를 구하는 일이고, 경제적 통합, 체제의 결합은 최종 순서이다.

그렇다면 통일에 필요한 실효적 여건은 어떠한가?

통일을 운운하는 이들에게는 체제 유지, 핵 문제, 對中 관계 등 해결해야 할 문제가 산적해 있지만, 그것보다는 통일 이후 남북의 경제적 안정을 이룰 준비가 더욱 중요하다는 인식이 필요하다.

통일은 특히 남에게 인적, 물적 자원 확보 기회가 될 것이나 남북 주민 시각차를 해소하지 않는 한 생산과 소비 과정, 특히 자원 활용 대가 배분하는 과정에서 본질적 갈등을 유발할 우려가 있다. 남북이 경제생활에 서로 얼마나 효과적으로 적응하도록 준비하느냐가 통일 논의의 관건이다.

남북경제의 현실은 간단하지 않다. 분단 당시 남한은 1인당 국민소득 60달러 전후의 아시아 극빈 농업국이었다, 이에 비해 북한은 200달러 수준의 중공업 국가로서 제삼 세계의 리더를 자임했다. 그러던 것이 1975년에 남북의 경제 규모가 역전해서, 현재 남한은 1인당 국민소득 3만 달러 규모의 세계 27위 경제 선진국, 북한은 1인당 주민소득 1,300달러 미만의 세계 175위의 최빈 지역으로 전락해 있다. 이러한 격차가 경제 통합의 구조적 장벽을 형성한다.

2021년 현재 남북한 인구를 합하면 7천 6백만 명 정도가 되는데 이렇게 되면 남한 기준으로 1인당 국민소득 3만 달러의 선진국에서 1만 8천 달러세계 60위권의 중진국 이하로 전락한다. 구체적으로는 연평균 소득 1,320달러, 우리 돈 146만 원(4인 가구 기준 584만 원) 미만의 최빈층이 2천5백만 명, 6백만 가구 이상 발생하는 셈이다. 남의 올해 4인 가구 최저생계비가 292만 원 수준이라는 것을 생각할 때, 남의 두 달 치 최저생계비에도 미치지 못하는 돈으로 1년을 먹고살아야 하는 최빈층을 어떻게 할 것인가가 선결과제이다.

통일을 바라는 남의 시각은 대부분 노동력 공급 기지에 머물러 있다. 남의 정책 당국이나 기업인은 북이 저임금 노동력 공급 기지가 되기를 대놓고 희망한다. 질적으로 우수하면서도 아프리카 수준의 값싼 노동력을 기대하는 것이다. 개성공단이 그랬다. 개성공단의 필요성을 언급할 때면 빠지지 않는 논리 중의 하나가 값싼 노동력이었다. 북도 초기에는 개성공단을 달러벌이의 호기로 반겼다. 그러나 경협이 본격화하면 남의 자본에 의한 북의 노임착취 비난을 회피 어렵고 남북 주민 간의 근본적 갈등을 회피할 수 없게 된다. 북을 당장의 저임 노동력 기지로 인식하는 것은 남북 경협 나아가 통일에 근본적 장애가 될 뿐이다. 개성공단 재개와 같은 상피적 발상보다는 통일비용을 근본적으로 낮추면서도 북, 특히 북한 주민의 자생력을 키워 통일의 시너지 효과를 높일 수 있도록, 산업구조를 고도화하고, 노동의 질적 수준을 높이기 위한 구조적 접근이 필요하다.

북의 노동력 실태를 살펴보자. 현재 북에 비교우위가 있는 단순 노동 중심의 노동집약적 산업은 글로벌 관점에서 이미 사양화 추세를 보인다, 노동집약산업은 중국과 동남아시아 각국을 거쳐 이미 인도나 아프리카 지역으로 비교우위가 옮아가고 있다. 일부 노동력의 정밀기술은 시계 부품 등 주요 수출 품목을 견인할 만큼 우수하다고 인정받고 있지만, 교육훈련이 미흡하여 기술 집약 산업 정착에는 상당한 기간 소요될 것으로 보인다. 또한 응용수학이나 해킹 등 특정 IT 기술은 우수하지만 노동시장의 단층화가 심각하여 단기간에 지능 집약산업의 일반화를 기대하기도 어렵다. 통일 한국이 글로벌 시장의 주도권을 놓지 않기 위해서는 북한지역의 산업이 글로벌시장에서 어떤 경쟁력을 가져야 할 것인가라는 문제의식 아래 현재의 강점을 최대한 살리는 방향으로의 구조적 특화가 필요하다.

또한 남은 북을 신천지 수준의 B급 시장으로 인식하려는 경향이 있다. 한류 열풍을 타고 남한의 경제석 성취가 북한 주민에게도 널리 알려지면서 북한 주민은 이미 남한 상품을 동경하고 있고, 다양한 생필품이 장마당을 통해 유통되고 있다. 남의 일부 기업은 이러한 북한 주민의 소비심리를 마케팅 호기로 생각한다, 그러나 북한 주민의 소득이 한정된 상황에서 소비가 증대하면 가계 적자가 불가피한데, 일부 금융기업이 대출상품 마케팅에 주력할 때 북한 주민은 부채의 늪에 빠지게 된다. 소비 역량, 금융 이용 역량 등 자기책임 의식 성숙하지 않은 상황에서 무분별한 소비, 금융 거래는 미래 소비자원의 고갈로 연결되어 구조적 갈등의 단초를 제공한다. 북한이 개방되면 북한 시장에서 중국을 비롯한 글로벌 각국이 경쟁하게 될 것이고, 이러한 갈등으로 남이 북한 주민의 신뢰를 얻지 못하면 코리아 패싱으로 귀결될 우려가 크다.

그렇기에 금강산, 개성공단 등의 국소적 투자보다는 북의 경제를 어떻게 정상화할 것인가에 관한 인식의 개선이 선행되어야 하고, 제조업이 들어가기 전에 돈이 정상적으로 돌 수 있는 금융 인프라가 형성되어야 하며, 시장 확대를 논의하기 이전에 북한 주민의 소비 여력을 근본적으로 확대할 수 있는 근본적 소득수준 제고 조치가 선결되어야 한다.

물론 북도 김정은 집권 이후 계획경제를 훼손하지 않는 범위에서 당 주도로 시장경제적 요소를 받아들이기 위해 노력해 왔다. 기업소의 독립채산제를 확대하고, 장마당을 양성화하는 한편 상업은행제도와 협동화폐제 도입, 전자결제 시스템 도입, 개인계좌 허용 등 구조적 패러다임의 전환을 시도하였다. 이러한 노력에 힘입어 북한의 시장경제 비중은 경제전체의 30% 규모로 추정된다. 그러나 개인수공업 생산규모가 국가 생산규모를 추월하고, 빈부격차 심화(북한 주민의 하위 10% 대비 상위 10% 소득격차는 18배, 남한의 경우 9배 미만), 개인 편익을 위한 금융서비스 부재, 고리 사채 만연 등 부작용이 만연해 있다. 북 당국은 집금소를 설치하여 장마당이나 개인수공업 수익을 국고로 환수하고, 대형 환전상이나 돈주 공개 처형, 달러나 엔화, 인민폐 통용 금지 등 사회주의 경제 질서를 유지하기 위해 다양한 조치를 취하고 있으나 근본적으로 경제적 난관을 극복하는데는 한계가 있다.

아무리 북이 시장경제적 요소를 받아들이고 있다고 해도 시장경제가 북한 경제시스템의 주류를 형성하진 못한다. 시장 경험의 주민 일부의 특혜일 뿐 통일이 되더라도 상당 기간은 북한 주민 대다수가 시장경제 자본주의 사회에 적응하기를 기대하기 어렵다. 북한 주민의 적응을 위한 사전 노력 없이 남북이 교류할 경우 예측 불가능한 통합 비용 지출이 불가피해진다.

이러한 관점에서 남의 북향민 시장 정착 프로그램을 정교하게 발전시켜 생활 안정에 성공하는 것이야말로 통일 안착의 이정표가 될 것이다. 남남 소통의 기반 위에 실효적 남북통일을 이루어야 혈통적 원코리아 구축이 가능하고, 이러한 원코리아가 성공할 때 비로소 글로벌코리아의 비전을 바라볼 수 있을 것이다.

신뢰관계를 형성하기 위한 바로미터는 남한에 정착해 있는 북향민이다. 정주영, 문선명으로 대표되는 휴전 전후 남한사회에 정착한 북향민 집단은 아시아의 극빈국이 글로벌 선진국으로 압축성장하는 과정에서 남한의 위상을 높이고, 낙후된 북한 경제에 시장의 활력을 불어넣는 주역으로 활동했다. 그러나 압축성장 이후 남한사회에 정착한 북향민은 경제생활 적응에 어려움을 겪으며 주류사회 편입에 장벽을 겪는 경우가 많다.

같은 북향민임에도 불구하고 무엇이 이 두 집단 사이의 이 같은 차이를 초래한 원인은 성숙 과정에의 참여 경험에 있다. 글로벌 선진국으로 도약해 있는 남한과 국제 사회의 주변부로 남아있는 북한이 함께 어우러져 경제적 비전을 공유하기 위해서는 북한 주민이 남한의 주류사회에 진입할 다양한 기회와 프로그램이 필요하다.

북향민의 동향은 북한 주민에게 시시각각 전달된다. 북한 주민에게 6백만 대 이상 보급된 것으로 알려진 휴대전화를 통해 남한 경제의 실상이 가감 없이 전달되고 있다. 현재 북향민이 남한 경제생활에서 성공한 사례는 흔치 않다. 이러한 현실은 북한 주민에게 통일 이후의 경제적 적응을 불안하게 만드는 요인이 된다. 북한 주민에게 남한사회에 관한 긍정적 인식을 심어주고, 그것이 통일 이후의 경제생활에 관한 비전으로 발전하게 하기 위해서는 서둘러 북향민의 성공사례를 일반화할 필요가 있다. 그것이 남북의 신뢰 구축 비용을 줄이는 길이다.

최근 진보 진영으로 분류되는 어느 통일행정 책임자가 개성공단을 재개하면 인건비가 베트남 근로자의 5분의 1밖에 들지 않으니 이익이라는 발언으로 통일 노력에 역행하는 행태를 보인 적이 있다. 공산주의자들이 자본주의 사회의 가장 큰 병폐로 지목하는 것이 바로 노임 착취이다. 개성공단 재개가 당장은 돈벌이의 기회가 되는지 모르지만, 노임 착취 구조화로 비난하는 기제로 작용하면, 통일은커녕 치유하지 못할 분열과 갈등의 빌미를 제공하게 된다.

그렇기에 통일은 진영 논리에 빠진 정치인이나 돈 벌 기회로 인식하는 기업인한테 맡겨서 될 일이 아니다. 경제생활에서의 융합은 소통이 관건이다. 먹고 사는 문제가 걸려 있기 때문이다. 돈을 벌고 쓰고 모으는 과정을 신뢰할 수 있어야 하며, 가치관의 교집합이 형성되어야 한다.

한국이 통일을 이루면 어떤 경제적 비전을 갖게 될 것인가?

경제생활이란 단순한 물리적 관계의 궤적이 아니라 고도의 심리적 관계의 현재화 과정이다. 경제생활에 합리적으로 적응할 수 있는 역량은 주어진 상황에서 가장 큰 만족을 주는 의사결정 과정, 적절한 선택 과정을 통해 실천적으로 배양되는 것이다. 후회하지 않는 선택을 하고 욕구 통제가 수반되어야 한다.

[illegible]제체가 외면적으로는 AI, 사물인터넷, 빅데이터 등 고도 네트워크 사회의 진전으로 정보가 수직, 수평적으로 빠르게 확산하고 경제 질서의 융복·합 성과를 누리고 있지만, 내면에서는 개인 중심의 폐쇄적 가치관에서 벗어나지 못하고, 자기 책임 의식의 미비로 성숙한 경제 마인드를 배태하지 못한 채 사회적 일탈이나 외부사회와의 부조화, 배타적 경제행위에서 벗어나지 못하는 등 전환기적 혼돈에서 벗어나지 못하고 있다.

환태평양은 21 세기 세계 경제 성장과 번영을 주도하고 있는 지역으로 활기 넘치는 경제적 성취에 힘입어 경제성장의 핵심축으로 부상해 왔다. 그러나 최근 미국과 중국의 경제적 패권 경쟁은 환태평양 지역의 발전을 저해하고 있다. 일본은 수십 년의 내재적 정체 위기를 벗어나지 못하고 있다. 호주, 뉴질랜드, 싱가포르, 대만 등 발전 견인 국가군은 역내 미세 갈등 조정 역량을 갖추지 못하고 있다. 그 중 선도 그룹을 형성하던 홍콩은 중국의 권위주의적 통치 체제로 귀속되어 아시아의 금융 허브로서의 위상을 지속하기 어렵다.

반면 한국은 4차 산업 혁명의 성과로 일컫는 융·복합 경제의 선두에서 독창적 문화 콘텐츠 보급으로 전 세계의 주목을 받고 있다. 최첨단 기술과 독창적 문화유산에 더해 글로벌 제조 선진국으로서의 역량을 평가받고 있다. 남북 분단의 위험요인이 제거될 경우 글로벌 자본과 투자자들을 끌어들이는 막강한 자석 역할을 할 수 있을 것이다.

통일 과정에서 우리는 다양한 시나리오에 대비해야 하나, 남과 북 사이에 신뢰 기반이 구축되고, 순조로운 생산구조 개편과 효율적 소득 기회 창출로 시장이 확장되면 지출한 비용 이상의 경제적 성과를 거둘 것이다. 통일이 되면 중국과의 새로운 국경 유지 비용이 추가로 소요되겠지만, 남북이 경쟁적으로 지출하고 있는 다양한 분단 비용을 근원적으로 절감하게 되고, 동북아 지역의 균형적 발전을 견인하게 될 것이다.

남한은 현재 팬더믹 이후 글로벌 공급구조 개편 채비를 갖추고 있다. 2차, 3차 산업의 연계 통한 실물 경제의 전진기지. 산업과 금융의 연계를 통한 융복합 플랫폼, 생산과 소비의 통합 경제 선도하는 글로벌 시장 재편의 모멘텀이 되고 있다. 이에 더해 통일한국은 미국과 중국의 패권 경쟁을 완화하는 아시아 환태평양 안전판 역할을 하게 될 것이다. 주변국은 물론 글로벌 경제 전반에 절대적 유익을 끼치게 되는 것이다.

그러기 위해서는 특별히 북한 주민이 남한 주류사회 진입할 다양한 기회가 마련되어야 한다. 남북의 소득격차를 근본적으로 해소하기 위해 남과 북에 돈이 정상적으로 돌게 하기 위한 금융 인프라가 구축되어야 하며, 그에 앞서 돈을 벌고, 쓰고, 모으는 지식과 기능 태도에 관한 교육 선행되어야 한다.

따라서 통일을 기대하기 이전에 북의 시장기반 구축과 북한 주민의 금융 마인드 형성, 시장 적응이 가능한 소득기반 조성에 투여될 금전적, 시간적 기회비용을 엄밀히 추산하여 국민 각층을 이해시키고, 기대보다 훨씬 더 오래 기다리고, 지속적으로 투자할 준비를 해야 한다.

이러한 과정을 거쳐 통일이 가시화되면 제조업, 정보통신산업을 비롯한 실물 경제의 리더로서뿐 아니라, 아시아 환태평양 지역의 안정적 금융 허브 기능을 수행할 수 있게 되고, 나아가 생산과 소비의 융복합 경제를 선도하는 글로벌 중심축으로 자리매김하게 되는 것이다.

남북통일의 최대 장애요인은 북의 핵이고, 북한경제 피해의 최대 요인 역시 북의 핵이다. 북의 입장에서 핵은 체제 유지를 위한 최선의 방책이나, 글로벌 사회의 대북 제재로 이어져 경제적 피폐 상황을 벗어나는데 있어 최대 장애 요인이 되고 있다.

현재로서 북이 핵을 포기하게 하기 위해서는 국제적 압력을 가하는 방법밖에는 없으나 차선의 대안으로 핵 무용화 전략이 필요하다. 군사적으로는 주한미군 주둔에 의한 핵우산 확보가 최우선이나, 좀 더 근본적으로는 글로벌 머니를 유치하여 핵을 묶어두는 방법을 고려할 수 있다. 돈은 가장 강력한 무기이자 방어수단이 된다.

통일과 금융에는 모두 신뢰와 소통, 프로토콜 일체화가 필요하다. 돈에 관한 프로토콜이 서로 맞을 때, 그래서 서로를 믿고 의지할 수 있을 때 비로소 남북은 물론 글로벌 사회가 북의 핵 공포에서 벗어나게 되고, 시장에 신뢰의 싸인을 보내게 될 것이다.

그러나 우리 정부의 금융허브 논의는 규제의 한계를 극복하지 못하고 있다.

우리 정부는 2000년대 초반부터 동북아 금융허브 구축을 기대해 왔다. 그러나 정책 방향을 글로벌 금융 기업을 유치하기 위한 법인세, 소득세 감면이나 외환 거래 자유화를 비롯한 금융규제 등 대외적, 금융 중심적 환경 조성에 초점을 두지 않고, 지역 균형이라는 국내적, 자원 재배치적 메시지에 몰입하면서 지역 특화의 명분아래 금융시장을 서울과 부산 등으로 분산하고, 국민연금과 같은 핵심 금융기구를 지방으로 이전하여 오히려 금융산업의 대외경쟁력을 위축시켰다.

정책 방향의 오류와 규제 부조화로 글로벌 차원에서의 금융 비즈니스 환경을 제공하지 못한 위에, 산업 인프라도 부족하며 인적자원을 비롯하여 금융산업이 글로벌 수준에 미치지 못했다. 글로벌 금융 중심지가 되려면 풍부한 비즈니스 기회가 제공되어야 하고, 세계 표준에 맞는 법제도와 정부 규제가 뒷받침되어야 하지만 우리 정부는 소규모 특화 금융 중심지로 키우는 정책에 몰입하여 글로벌 금융기업의 외면을 자초하였다. 정부가 금융관련 특화도시 조성 등 국내 이슈 몰입에 집착하는 사이 현실은 이미 국내에 진입해 있던 외국계 금융회사의 철수로 귀결되었다. 이에 더해 국민적 인식은 외국계 금융자본에 관해 부정적이다. 돈만 벌고 먹튀한다는 인상이 강해 외국자본의 진입에 거부감을 갖기 쉽다.

금융감독원 발표에 의하면 외국계 금융회사의 한국 내 점포 수는 2016년 168개에서 2020년 164개로 4개가 줄었다. HSBC·골드만삭스·바클레이스 등 글로벌 금융회사에 이어 올해는 한국씨티은행의 소매금융 부분이 철수하기로 했다. 글로벌 비즈니스 환경 조성에 역행하는 각종 규제와 행정적 간섭으로 국내에 들어와 있던 외국계 은행마저 이탈하도록 영업환경을 악화시키는 것이다. 은행뿐 아니다. 네덜란드 ING생명(2013년), 독일 알리안츠생명(2016년), 미국 푸르덴셜생명(2020년) 등 글로벌 보험사와, 골드만삭스자산운용(2013년), 미국 JP모건자산운용(2018년) 등 대형 자산운용사도 한국을 철수했다. 이렇듯 글로벌 금융회사의 철수는 아시아를 넘어 세계의 금융허브로 성장하겠다는 우리 정부의 계획에 근본적으로 오류가 있다는 것을 시사한다.

2021년 3월 영국 조사업체 Z/Yen이 발표한 114개 도시의 국제금융센터지수(GFCI) 순위에서 서울은 16위, 부산 36위를 차지했다. GFCI는 2007년부터 비즈니스 환경·금융산업 발전수준·인프라·인적자원·도시인지도 등 5개

분야의 지수를 종합하여 금융경쟁력을 측정하는 대표지수이다. 서울과 아울러 아시아 3대 금융허브를 공동 발표했던 홍콩과 싱가포르는 각각 4위와 5위로 글로벌 금융시장에서의 입지가 확고해졌고, 상하이는 3위, 도쿄는 7위를 점유했다.

상하이는 뉴욕, 런던에 이은 3대 국제금융도시로서의 글로벌 순위 6위를 차지한 북경과 아울러 중화권 금융허브로서의 기능을 수행하고 있다. 중국은 특히 은행, 증권, 보험 등 기존의 금융시장 영역 뿐 아니라, 융복합 자산으로 부상하고 있는 가상화폐 시장을 선점하기 위해 CBDC 영역에 진출하여 중앙은행권으로 발행하는 디지털 인민폐를 달러 대체 기축통화로 삼기 위해 역량을 집중하고 있다.

일본은 최근 중국 정부가 홍콩보안법을 시행하면서 4위 홍콩의 경제적 위치가 불안해지고 금융시장이 위축되자 빠르게 반응하여 해외 투자업자 등을 도쿄를 유치하기 위해 해외 금융 투자 전문가들에 영주권 특례제도를 제시하고 세제, 행정 서비스 영어 대응, 체류자격 완화 등으로 인적자원의 유입을 위해 노력하고, 국외 재산을 상속세 대상에서 제외하는 등 상속세와 법인세·소득세에 특례를 두는 법 개정에도 나섰다. 그 결과 아시아 각국 기업의 도쿄 증권거래소 상장이 가시화되고 있다.

중국과 일본이 약진하고 있다고 해서 우리에게 기회가 없는 것은 아니다. GFCI 순위의 미래 부상가능성이 높은 도시 지표에서는 서울이 독일의 슈투트가르트와 더불어 2위, 핀테크 부문에서도 13위를 차지하여 정부의 전략 여하에 따라서는 상하이나 동경을 따돌리고 서울이 미래 금융산업의 중심이 될 수 있다는 가능성을 열어두고 있다.

또한 2016년 IMF가 조사한 금융산업 경쟁력 순위에서 우리나라는 일본과 홍콩, 프랑스, 독일 등에 앞서 세계 183개국 중 6위의 평가를 받았다. 금융시장 효율성 지수 1위를 차지했고 금융시장의 발전 지수는 미국에 이어 2위를 기록했다.

그러나 2018년의 세계경제포럼(WEF. 일명 다보스포럼)에서의 금융성숙도 평가 결과 우리나라의, 은행 규제자본 비율(97위)이나, 중소기업 재원조달 용이성(45위), 벤처자본 이용가능성(53위), 은행 건전성(74위) 등 금융서비스 수준은 여전히 글로벌 수준에 미치지 못하고 있다.

최근 우리 정부는 일부 금융규제 샌드박스로 새로운 금융상품을 출시 기회를 제공하기도 했지만, 금융을 경제적 성숙이 귀결되는 고부가가치 산업으로 보지 않고 여전히 규제 대상으로 삼는 후진적 정책 구조가 우리 금융산업 발전을 저해하고 있다. 차별적 재외동포법으로 해외동포 자본의 국내 유입도 원활하지 않다. 안보 상황도 금융허브 유치에 부정적 요인으로 작용한다. 남북 대치 국면이 해소될 기미를 보이지 않고, 상호 불신이 증폭되고 있어 글로벌 금융기업이나 기관의 의사결정에 결정적 장애를 미친다.

이처럼 외국계 금융기업이나 자본의 국내 진입을 가로막는 규제 장벽, 열악한 금융 비즈니스 환경, 산업 인프라 부족, 수요자 차원에서의 금융서비스에 대한 불만, 국내 금융기업의 경쟁력 미성숙 등 금융산업 역량이 글로벌 수준에 미치지 못하고 그에 더한 불안한 안보 상황의 결과 금융허브 구축은 대내적 구호로 남아있다. 그러나 금융허브 구축은 에너지정책이나 공항·철도 건설, 국방력 증강과는 차원이 다른 국가적 위상 제고의 기회로 연결된다. 국가 경제의 성숙은 물로 안정적 통일까지 담보한다. 금융허브를 가시화하기 위한 실효적 조치가 선행되어야 한다.

우리나라는 제조업 중심의 경제 선진국으로서 미·일과 호주로 이어지는 환태평양 자본주의 시장 경제권과 중국, 북한, 소련으로 묶여있는 공산주의 계획 경제권의 연결자적 위치에 놓여있다. 양쪽 시장이 상호 또는 독립적으로 발전해 나가는데 필요한 고리 역할을 하는 것이다. 금융은 제조업을 통한 단선적 연결을 경제 전반에 입체적으로 증폭하는 중요한 기제로 작용할 것이다. 우리에게 비교 우위가 있는 가전, 자동차, 중화학, 반도체 산업은 영미일과 중국권의 샌드위치 상황이 되어 비전이 별로 없다. 금융허브는 선진 경제를 유지해 나가는 새로운 플랫폼 역할을 하게 될 것이며, 이러한 금융허브는 아시아 환태평양 지역 위기 상황을 제어하는 안전판 역할을 수행하게 될 것이므로 글로벌 사회가 적극 나서도록 외교적 역량을 기울여야 한다.

2차 세계대전 이후 미국은 유대인 자본과 기축통화인 달러를 중심으로 글로벌 금융 축으로 세계 경제를 좌우해 왔으나, 중국은 전 세계의 금융권을 장악하고 있는 14억 화교 자본을 배경으로 인민폐를 기축통화화 하기 위해 국가적 역량을 집중하고 있다. 양국의 치열한 경쟁은 세계 경제의 안정에 위협 요인이 되고 있다. 우리나라가 환태평양 아시아의 금융 허브로서의 기능을 수행할 경우, 달러화와 인민폐의 경쟁을 중재하여 실물과 금융의 글로벌 안정을 담보하는 촉진자로 기능할 수 있을 것이다. 세계 경제의 최상위 리더로서 미국이 갖는 금융시장 장악 기능과 미국경제의 최대 경쟁자로서 중국이 추구하는 금융 패러다임 전환 기능을 3자적으로 중재하는 대체 불가의 연결 고리 기능을 수행하는 것이다. 이러한 기능은 우리나라나 미·중을 비롯한 환태평양 연안 국가의 경제적 안정은 물론 냉전 경제의 실질적 종식에 이바지할 것이다.

냉전 경제 종식의 중요한 기제는 남과 북의 통일이다. 북한은 시장경제적 기반을 조성하려 노력하고 있지만, 금융시장이 외국인과 내국인으로 철저하게 이원화되어 있고, 주민 대다수의 금융시스템에 대한 신뢰 결여로 정상적인 금융거래망 조성이 불가능한 수준에 있다. 유엔 제재로 외자도입은 원천적으로 막혀있고, 달러라이제이션으로 대표되는 외화거래 관행도 자본의 제도화를 어렵게 하고 있다. 북한 당국은 협동화폐제를 도입하여 민간 자금의 흡수를 기도하고 있지만, 주민의 외면으로 금융의 정상적 기능을 기대하기 어려운 상황이다. 북한 주민은 무리한 화폐개혁의 후유증으로 금융거래 노출을 극도로 기피한다. 한상 등 해외교포가 북한에서의 금융 비지니스를 할 수 있는 간접적 접근 방법도 실현 가능성이 부족하다.

현재로서 북한에 정상적인 금융산업이 정착하기를 기대하기는 어렵다. 그러나 통일을 이루려면 도로, 철도, 항만 등의 시설 투자나 공장 건설을 통한 일자리 창출 노력에 앞서 금융시장을 살아나야 한다. 그러기 위해서느느 거래 시스템, 신뢰 구조, 자금의 원활한 공급이 선행되어야 한다.하고 금융서비스 인력 양성도 필요하다. 북한을 정상 국가로 만들어 글로벌 사회에 안착하도록 이끌고, 남북 모두에게 만족스러운 통일을 이루기 위해서는 중국 의존적으로 남의 자본이나 교포 자본을 불신하는 북의 문호를 개방하여 북이 신뢰할 수 있는 자본 유통 통로를 구축해야 한다. 그러한 관점에서 금융허브는 세계 경제 안정의 기회비용을 줄여, 글로벌 사회에 통일비용을 합리적으로 배분하도록 유도하는 장치가 될 것이다.

글로벌 금융허브가 남에 정착해 있는 한 북도 핵 위협을 비롯한 군사적 도발을 하기 어렵다. 돈을 등지게 되기 때문이다. 금융허브는 남도 군사적 위협에서 실질적으로 벗어나고 북도 안정적 자금을 확보할 수 있는 최적의 수단이 된다.

그 시작은 국민적 인식 전환이다. 융·복합 경제 선도 국가로서의 자신감, 개방경제의 순기능에 관한 신념, 글로벌 중심으로서의 시민의식이 필요하다. 그러한 인식의 전환에는 정부나 지방자치단체 뿐 아니라, 학계, 재계, 언론계, 시민사회의 전방위적 노력이 뒷받침되어야 한다.

통일의 기반을 이루는 신뢰의 대가는 가시적이어야 한다. 북의 시장기반 구축, 북한 주민의 금융마인드 형성, 시장 적응이 가능한 소득기반 조성에 필요한 금전적, 시간적 기회비용을 엄밀히 추산하여 국민 각층의 이해를 얻어내야 한다. 기대보다 훨씬 더 오래 기다리고, 지속적으로 투자할 준비를 해야 한다.

금융허브를 가시화하기 위해서는 새로운 청사진이 필요하다. 팬더믹이 진전되면서 산업의 구조변혁 특히 2, 3차 산업의 융복합, 특히 정보기술과 자본의 융합은 교역구조 특히 글로벌 공급구조의 변화를 가속하여 세계 경제의 재편을 견인하고 있다. 이러한 상황에서 우리 금융의 디지털 성숙도는 괄목할 만하다. 금융 각 업종의 하드웨어 뿐 아니라, 컨텍스트 기반의 콘텐츠, 플랫폼, 서비스 역량 등 소프트웨어의 디지털화가 급속히 진전되고 메타버스와 기존 금융업권의 연계가 진전되고 있으며, 금융소비자의 디지털 인식 수준도 매우 높아, 글로벌 사회에서 높은 신인도를 확보하고 있다.

따라서 기존 금융업권의 집적 효과를 높혀 핀테크, 혁신 스타트업 영역과 융합하고, 고도의 전문 인력을 뒷받침하여 우리의 초일류 정보통신 역량과 글로벌 자본을 융합하는 새로운 금융생태계를 조성할 경우 우리는 세계 경제 재편의 리더가 될 수 있다. 산업화 시대의 기성 금융은 뉴욕과 런던, 상하이가 앞서 있으나, 서울은 핀테크와 어우러진 융복합 금융, 블록체인과 어우러진 가상자산 기반의 새로운 형태의 금융허브를 구축하여, 구미 각국은 물론 홍콩, 싱가포르, 도쿄 등 신흥 금융허브 지향 도시들이 경쟁할 수 없는 새로운 패러다임의 플랫폼을 구축하는 것이다.

이렇듯 뉴욕, 런던, 상하이의 산업화 허브와 랜선으로 연결한 융복합 허브가 되려면 대외 지향적 여건 구축, 특히 글로벌 스탠더드에 앞서는 규제 개혁을 위해 금융계나 정책 당국, 매스컴, 정치권이 적극적으로 노력해야 한다. 무엇보다도 대통령의 결심이 필요하다. 내년으로 다가온 대통령 선거가 필생의 기회이다. 주요 대선후보군의 공약에서 금융허브 구축이 선순위로 채택되도록 국민적 압력을 조직해야 한다.

평화와 통일은 구호와 염원만으로 이루어지지 않는다. 국민 각층의 요구에 부응할 수 있는 비전과 미션이 씨줄과 날줄로 촘촘하게 엮이고 거기에 더해 구체적 실천이 뒷받침되어야 하는 융복합 과정이다. 경제, 사회, 문화, 종교, 과학 기술, 외교 안보를 아우르는 실천가, 지도층, 언론인, 전문가, 대학교수가 힘을 합해 금융허브를 우리 사회의 신뢰를 확대 재생산하는 전진 기지로 구축할 때 비로소 금융과 평화, 통일은 선순환하며 우리나라를 세계의 중심으로 만들어 줄 것이다.

제3부

통일 실천을 위한 금융허브 전략

5장. 홍콩 사태가 촉발한 금융허브 전쟁과 한국의 기회

김동호(중앙일보 논설위원)

언론에 있기 때문에 북한 핵 문제, 북한 경제, 홍콩 문제를 두루 잘 보고 있다. 홍콩 사태가 촉발한 금융허브 전쟁은 현실적으로 발생하고 있다. 그 가운데 한국의 기회는 어떻게 되는지를 짚어봤다.

1 브렉시트 시행으로 런던 위상 변화

돈은 국경을 넘어다닌다. 한때 '해가 지지 않는 나라'였던 영국은 지금도 금융에 관해서는 해가 지지 않는 지위를 갖고 있다. 아시아 증시가 문을 닫을 무렵 런던 금융시장이 문을 열고 뉴욕에 바통을 넘겨준다. 글로벌 금융 투자자들로서는 끊김 없이 시장의 흐름을 탈 수 있는 최적의 장소가 바로 런던이다. 글로벌 금융시장이 사실상 24시간 돌아가는 효과를 거둔다. 그러나 올해 막을 올린 브렉시트(영국의 유럽연합 탈퇴)로 런던의 위상에도 변화의 가능성이 거론되고 있다.

유럽연합(EU)은 2022년 중순까지 유로화 표시 자본을 런던에서 모두 철수하라는 방침을 세웠다. 이에 따라 은행과 증권거래소뿐만 아니라 금융인력의 대이동이 진행되고 있다. 런던증권거래소에 상장된 유럽연합 회원국의 주식과 채권의 이동이 불가피해지면서다. 메이리드 맥기네스 유럽집행위원회 금융서비스국장은 "거대한 변화가 불가피하다"고 로이터 인터뷰에서 밝혔다.

2 런던 대화재 이후 350년 만의 지각변동

실제로 그런 변화가 일어난다면 지각변동이 아닐 수 없다. 런던의 금융업은 350년이 넘는 역사와 경험을 갖고 있다. 런던은 1666년 9월 2일 시내 중심부 빵 공장에서 시작된 대화재 발생을 계기로 금융시장이 꽃피기 시작했다. 화재에 대비해 보험회사들이 하나둘 모여들어 세계적인 금융허브가 된 곳이 바로 런던 중심부 '시티 오브 런던(시티, the City)'이다. 런던은 시티를 중심으로 동쪽에 카나리 워프, 서쪽에 메이페어까지 금융구역이 퍼지고 있다. 이들 지역은 금융산업이 발달하면서 쇼핑과 명품 거리가 형성되고 금융부터 부동산에 이르는 핵심 기업이 들어서 있다. 특급호텔과 레스토랑이 즐비해 세계에서 가장 임대료가 비싼 상업지역으로 꼽힌다.

시티는 유럽의 금융 슈퍼마켓이다. 5000개 넘는 글로벌 금융회사가 영국 정부에 떨구어 놓는 세금은 연간 760억 파운드(110조원)에 달한다. 이 거대한 금융산업을 놓고 영국과 유럽연합 회원국 간 경쟁이 격화하고 있다. 독일 프랑크푸르트와 네덜란드 암스테르담이 강력한 경쟁 도시로 떠오르고 있다. 프랑스도 벌써 3년 전 법인세 인하를 내세워 '파리 금융허브' 청사진을 내놨다. 파이낸셜타임스(FT)는 "이런 도전에 시티도 그 충격을 피해가긴 어려울 것"이라고 했다.

그러나 하루아침에 런던의 장점이 사라지기는 어렵다. 은행을 비롯한 금융회사와 그 고객은 자신의 금융 비즈니스를 한 장소에 모아두기를 선호한다. 한 곳에서 관리해야 투자 및 위험관리의 효율성을 극대화할 수 있다. 그야말로 집약산업이라는 얘기다. 실제로 시티에는 재보험부터 청산·결제, 주식공개(IPO)와 채권 거래까지 모든 금융 거래가 이뤄진다. 그 결과 자연스럽게 금융 전문인력이 차고 넘치는 것도 금융허브의 조건이다. 특히 유럽 기업들은 환금성이 가장 높은 시장을 원한다. 국경을 넘나들 때 막힘이 없어야 하고 사회 혼란 같은 불확실성은 금물이다.

3 홍콩의 금융회사 엑소더스 가능성

홍콩의 금융회사 엑소더스 가능성도 금융허브의 이런 특성을 그대로 보여주고 있다. 사회가 조금이라도 불안하면 금융회사는 바로 보따리를 싼다. 최대 수혜자는 싱가포르로 꼽힌다. FT는 2021년 "최근 글로벌 금융회사들이 홍콩을 속속 빠져나오면서 대체지로 싱가포르를 찾고 있다"고 보도했다. "그동안 홍콩을 거점으로 하고 싱가포르에는 인력을 많이 두지 않았던 글로벌 금융회사들이 싱가포르 인력을 크게 늘리고 나섰다"면서다. 일본은 눈독을 들이고 있다. 니혼게이자이(日本經濟)신문은 도쿄 금융허브의 가능성을 진단하면서 오사카·후쿠오카도 후보로 꼽았다.

중국은 크게 개의치 않고 있다. 중국 동부의 상하이와 남부의 선전을 진작부터 홍콩의 대체 시장으로 육성해왔기 때문이다. 상하이 증권시장의 규모는 갈수록 커지고 있다. 4차 산업혁명 바람을 타고 빅 테크 기업들이 속속 중국 증시에 상장하면서다. 금융허브로서 홍콩의 위상이 낮아져도 상하이와 선전을 더 크게 키울 기회가 되는 셈이다. 홍콩을 사회적으로 통제하기도 쉬운데다 상하이·선전에 상장할 유망한 기업들이 많아 아쉬울 것도 없다.

글로벌 금융회사들도 홍콩을 완전히 떠나지는 않고 있다. 자본에는 국적도, 국경도 없기 때문이다. 돈만 벌 수 있으면 독재국가에도 들어가는 것이 자본의 논리다. 최대한 홍콩에서 버티되 위험 분산을 위해 대체지로서 싱가포르의 비중을 높이고 있다고 보는 게 적절하겠다.

4 돈 벌 수 있어야 금융회사 몰려

요컨대 금융허브의 관건은 얼마나 돈을 벌 기회가 제공되느냐와 함께 그럴만한 환경이 갖춰져 있느냐에 달려 있다. 이런 점에서 규제 많은 곳은 결코 금융허브가 될 수 없다. 런던이 결정적으로 글로벌 금융허브로 성장할 수 있었던 것은 1930년대 프랭클린 루스벨트 정부 시절 미국의 금융규제 강화의 영향이 크다. 글래스·스티걸 법안에 따라 미국은 은행의 업무영역을 투자은행과 소매은행으로 분리했다. 친노조 성향의 정책 도입으로 법인세와 소득세도 대폭 강화하면서 은행들이 대거 런던으로 사업 근거지를 옮기고 부유층도 계좌를 트면서 급성장할 수 있었다.

한국이 금융허브에 도전한 것은 벌써 20년이 넘는다. 한국은 2003년 노무현 정부 때부터 '동북아 금융허브 로드맵'을 제시했다. 이명박 정부에서도 서울과 부산을 후보지로 제시하면서 '금융중심지 기본계획'을 수립하고, 다국적 기업을 대상으로 성공 요건에 대한 조사도 벌였다. 그러나 한국은 관심을 끌지 못했다. 싱가포르·홍콩·상하이를 따돌릴 장점이 없었기 때문이다. 이들

경쟁 도시는 일찍이 국제도시의 매력을 갖췄다. 한국은 중국과 일본 사이에서 지정학적 위치가 좋으니 글로벌 금융회사들이 몰려들 것이란 판단은 오산이다. 금융산업의 육성, 법인세 인센티브, 인건비 등 요소비용, 외환 및 금융, 외국인 거주 환경이 모두 강화돼야 한다.

무엇보다 금융은 고부가가치 첨단산업이다. 지금 세계를 돌아보면 금융허브 구축에 나서지 않는 곳이 없다. 케냐는 수도 나이로비를 앞세워 아프리카 금융허브 구축에 열을 올리고 있을 정도다. 노무현 정부 이후 20년 가깝게 제자리걸음하고 있는 한국도 이제 행동으로 보여줘야 할 때다.

5 금융허브 유치 환경 만들어야

서울시는 해외 금융기관 서울 유치를 위해 런던·홍콩·뉴욕·싱가포르 등을 대상으로 줄곧 온라인 설명회를 개최하고 있다. 2020년 12월 15일에는 유럽과 싱가포르 소재 금융회사를 대상으로 설명회를 가졌다. 여기엔 뱅크오브아메리카 싱가포르지사, 글로벌 핀테크 기업 트랜스워프, 글로벌 보험회사 텍셀그룹, 영국 투자 매니저연합회 등 30여 금융회사 임직원 50여명이 참석했다. 서울시는 글로벌 금융회사 유치를 위해 여의도 서울국제금융센터(One IFC) 16층에 조성 중인 '서울시 국제금융오피스'의 입주조건과 지원정책을 홍보했다. 국내외 금융기관을 유치하기 위한 전용공간이다. 입주기업에는 사무·회의·네트워킹 공간과 함께 최대 5년간 임대료와 관리비의 70% 이상을 지원한다. 법률·투자·컨설팅, 외국인 임직원 지원, 여의도 내 기존 금융사와 네트워킹 등 다양한 프로그램도 마련된다.

앞서 2020년 11월에는 금융감독원과 함께 홍콩 소재 금융기관을 대상으로 온라인 투자설명회를 열었고, 2020년 12월 10일에는 싱가포르 핀테크 페스티벌에 온라인으로 참여해 서울의 핀테크 산업 지원정책을 홍보했다. 서울시는 안전한 도시, 금융허브로서 준비된 도시라는 점을 강조한다.

애를 쓰고 있지만, 현실은 녹록지 않다. 2020년 12월 파이낸셜타임스는 사기 혐의로 검찰 조사를 받는 사모펀드 라임·옵티머스 사태를 거론하며 한국의 금융감독 체계에 구멍이 뚫렸다는 사실을 전 세계 금융기업에 타전했다. 더구나 한국은 금융 인프라가 서울·세종·부산·전주에 분산돼 있다. 금융회사는 모두 서울에 몰려 있지만, 경제사령탑은 세종시에 있고 금융위원회는 서울 세종로 정부청사에 입주해 있다. 금융감독원은 여의도에 들어섰다. 또 국민연금공단은 전주로 본사를 옮겼다. 2021년 2분기 기금 적립금이 900조원을 돌파했지만, 골드만삭스·블랙록 등 글로벌 금융 큰손들의 방문이 뜸해지고 펀드매니저조차 구하기 어려워졌다.

더구나 대통령이 금융위원장에게 연체자 200여 만명의 연체 기록을 없애주는 금융사면을 지시했다. 코로나 사태로 어려움을 겪는 개인이나 사업자가 연체 금액을 다 갚으면 혜택을 주겠다는 것이지만, 금융시장 질서를 왜곡하는 관치금융의 생생한 현장이다. 획일적인 주 52시간제 역시 외국 금융회사의 진출에 걸림돌이 되고 있다. 원화가 비 기축통화라는 점도 핸디캡이 되고 있다. 북한 리스크를 빼더라도 금융회사의 가장 큰 적인 불확실성을 모두 갖추고 있다. 서울이 아시아 금융허브가 되기 위한 대수술이 시급하다.

6장.
한국의 미래 15년: 금융강국이 되어야 된다

안유화(성균관대 중국대학원 교수)

중국은 1978년에 개혁개방을 했다. 이때 가장 필요했던 것은 돈이었다. 당시 가장 크게 들어왔던 자금이 화교 자본이다. 이어 대만 자본이 많이 들어왔고 동남아 자본 또한 들어왔다. 하지만 개혁개방에서 가장 큰 혜택을 보게 된 것은 화교 자본이다.

앞서 발표하신 두 분께서 (북한의 개혁개방을) 긍정적으로 전망하시고 동시에 문제점도 지적했다. 하지만 이 시점에서 생각해야 할 것은 만약에 북한이 개혁개방을 한다고 할 때 가장 필요한 것이 무엇이냐는 것이다. 이는 중국의 사례를 참고했을 때 바로 자본이다. 그렇다면 자본은 누가 줄 수 있을까? 누가 자본을 가지고 들어갈 수 있을까?

중국의 사례에서 보면 가장 큰 혜택을 볼 수 있는 대상은 다름 아닌 재미 교포, 일본 교포, 중국에 있는 조선족이다. 나는 그들이 자본을 공급할 수 있다고 본다.

그런 면에서 한국이 지금 시점에서 준비해야 될 것은 600만 명으로 추정되는 조선족 포함 한인 교포들의 금융투자협회 등의 범 글로벌 조직이다. 이는 국제적인 네트워크를 가지고 있는'통일을실천하는사람들'에서 해줘야 하는 일이라고 생각한다. 과거에는 쉽지 않았지만 지금은 다르다. 현대는 디지털, 온라인화가 되었기 때문이다. 전 세계를 아우르는 금융협회와 같은 허브가 있으면 15년, 30년 후 정말 통일이 되었을 때 일차적으로 그 자본을 바로 가져다 쓸 수 있다. 그 역할을 한국이 중심되어서 선도해야 한다. 전 세계에 있는 우리 기업가들을 묶는 플랫폼을 지금 구축해야 한다.

여의도에 금융허브를 조성하자는 얘기가 나오는데 금융허브라는 것은 무엇인가? 금융이라는 건 파이낸싱, 즉 융자라는 뜻이다. 융자라는 것은 무역금융이 될 수 있고 기업금융이 될 수 있다. 한국은 수출 중심 국가, 무역대국이니까 무역금융 역할이 중요할 수밖에 없다.

또 지금은 제 4차 산업 시대이다. 과거에는 재벌 형태의 크고 강한 기업이 중요했다면, 앞으로는 작고 강한 히든 챔피언 개념의 세계적 기술을 가진 경쟁력 있는 기업들이 많아져야 한다. 하나의 삼성이 아닌, 작지만 수십 만개의 강한 기업이 있어야 한다. 그러기 위해서는 벤처 금융이 발전해야 한다.

한국 입장에서 무역금융을 필수 기반으로 벤처 금융으로 나아가야 한다. 예를 들면 중국의 알리바바와 같은 벤처기업이 한국에 등장했다면 많은 자본이 모이게 됐을 것이다. 세계적인 성공 사례들이 미래 산업에서 나와야 하고 그러한 벤처 환경이 조성이 되어야 한다. 내가 한국에서 15년째 살고 있는데 (한국 경제의) 가장 약한 고리가 바로 이점이라고 본다.

앞으로 벤처 금융에서 리스크 평가를 잘하려면 '디지털 파이낸싱'이 되어야 한다. 고객을 잘 알아야 하는 것이다. 리스크를 빅데이터로 평가하고 신용을 빅데이터로 평가해야 하기 때문이다. 결국 디지털파이낸싱이 해답인 것이다.

인프라 측면에서 금융허브가 되려면 어떻게 해야 하는가?

금융이라는 것은 사람에 관련된 비즈니스다. 결국 사람이다. 사람하고 노트북만 있으면 금융이 된다. 글로벌 금융허브가 되려면 한국은 소프트웨어, 하드웨어 모든 면에서 가장 오픈된 나라가 되어야 한다. 그런데 한국은 제도적으로 외국인이 생활하기에 준비가 되어 있지 않다. 외국인 배제 정책 등으로 외국인으로서 한국에 사는 게 너무 불편하다. 예를 들면 은행에서 비대면 온라인 개설도 안 된다. 외국인 신용 관리 등에 대한 준비가 전혀 안 되어 있다. 외국인들의 출입이 불편하면 금융허브가 될 수 없다. 외국인이든 한국인이든 금융허브 인프라 및 제도를 만들 때 사람을 구분해서는 안 된다.

둘째로, IT다. 앞서 강조한 디지털 파이낸싱이다. 지금 한국의 금융감독원이 하는 일은 블록체인, 비트코인 등 각종 코인에 대한 규제 강화다. 하지만 이와 반대로 한국은 세계적인 코인 강국이 돼야 한다. 지금과 반대로 가야 하는 것이다. 전통적인 금융 방식으로는 한국이 금융허브가 되기 힘들다. 새로운 관계로 가야 하며 선제적이고 혁신적인 아이디어가 필요하다.

금융은 신용이다. 따라서 데이터가 있어야 한다. 데이터는 과거에는 어떤 은행, 보험, 증권사 등에 존재하는 데이터였지만 앞으로는 그렇지 않을 것이다. 이제 제조업 기업들의 데이터가 금융으로 바로 가야 한다. 앞으로 미래의 금융은 금융사가 금융을 해야 하는 것이 아닌, 제조 기업들이 금융을 해야 한다. 제조업 기업이 핀테크를 해야 하고, 블록체인금융을 해야 되고, 또 금융 통해서 지식재산(IP)을 만들어야 한다. 금융은 이제 단순히 금융이 아니라 IP 창조의 시발점이 되어야 한다. 고객을 아는 고객식별(KYC) 데이터가 여기서 오기 때문에 금융과 제조는 분리할 수 없는 게 미래 흐름이다. 우리는 그런 쪽으로 가야 한다.

미래 금융 산업은 디지털금융으로 가야 한다고 많은 사람이 표현한다. 우리는 그 개념을 정확히 이해할 필요가 있다. 디지털금융의 핵심은 데이터이다. 정부가 디지털금융으로 들어와야 하며 기업 간 거래 또한 디지털금융으로 들어와야 한다.

즉 개인과 기업, 개인과 정부, 개인과 금융의 거래가 모두 디지털금융으로 들어와야 한다. 이런 시스템이 전반적으로 설치돼야 한다. 조세부터 시작해서 자원 분배까지 모든 것이 다 디지털 시스템으로 구축해야 한다. 이런 시스템을 만드는 것이 디지털금융이다. 이런 쪽으로 한국은 가장 선제적으로 가야 한다.

다행히 하나의 기회가 오고 있다. 그것은 바로 중국이다. 중국은 세계에서 가장 먼저 디지털화폐(CBDC)를 도입했다. 중국과 한국의 무역 결제액은 3000억 달러에 가깝다. 중국과 한국이 CBDC 시대에 먼저 디지털 통화를 이용한 국제결제를 해보면 어떨까? 그러면서 한국이 시스템을 세계에 선도적으로 갖고 가면 어떨까?

7장.
북한의 금융

천규승(미래경제교육네트워크 이사장)

1 북한 금융시스템 개관

북한의 금융은 거시경제 관리와 당, 당국의 자금관리를 중심으로 기능한다. 공금융에서 저축성, 대출성, 보장성 기능은 일부 작동하나 투자 서비스 기능은 존재하지 않는다. 은행은 대내적으로 발권, 통화조정과 함께 주민, 기관, 기업소의 자산 상태를 평가하고 자금을 융통하는 기능을 수행하나 개인 및 가계의 신뢰수준이 매우 낮고 금융서비스 지원 기능 역시 매우 미미하다. 대외적으로는 송금, 무역대금 결제, 환율 조정 등 외환 관련 업무와 비자카드, 마스터카드 등 해외 신용카드의 독점적 대리점 역할을 수행한다.

북한의 공금융에서의 대출은 기업소의 경영활동 개선자금 융통 위주로 설계되어 있다. 은행시스템의 신뢰 회복을 위해 2015년의 중앙은행법과 상업은행법 개정으로 은행제도를 이원화함에 따라 상업은행이 자금의 수시 입출금 및 개인저금 비밀 보장, 외화환전, 은행카드 발급 등을 담당하고 있다. 상업은행은 국가상업은행, 지역상업은행, 외국투자은행의 3종류로 나뉘나, 주민 대부분은 금융생활을 여러 차례 화폐개혁 과정에서의 신뢰 상실로 돈주로 대표되는 사금융에 의존하고 있다.

보험은 대내보험과 대외보험으로 나뉘는데, 대내보험은 명목상 조선민족보험총회사가 담당하나 실질적으로는 조선조선중앙은행의 보험취급단위가 처리한다, 대외보험은 국가보험기관인 조선국제보험회사가 담당한다. 대내보험으로는 노동자 로임에서 의무 납부하여 국가복지예산으로 활용하는 국가단일보험제도로서의 인체보험이 대표적이고 사망보험, 불상사보험, 어린이보험, 여객보험, 해외여행자보험. 부양자보험 등의 생명보험이 있고 기업소 보험으로서 화재보험, 배 보험, 자동차보험, 수송화물보험 등을 아우르는 손해보험도 있다. 대외보험으로는 해상보험, 재보험, 해외 투자 보상보험 등 대외거래의 위험을 보장한다. 이 밖에 산재보험 성격의 사회보험이 존재한다. 북한의 의료수준은 매우 낙후되어 있지만 무상 의료 원칙에 따라 건강보험은 존재하지 않는다.

북한의 공금융에는 투자 서비스 기능이 없다. 주식회사가 존재하지 않으며, 당연히 증권회사도 없다. 주체의 정치경제학, 사회주의 기업관리, 대안의 사업체계 등 폐쇄적인 사회주의 계획경제체계를 유지하고 있는 북한에도 사금융으로서 투자기능은 존재한다. 고리대로서 대표적으로는 개인들끼리 돈을 빌려주고 이자를 받는다거나, 봄철에 협동농장에 비료, 원유 등 부족한 영농물자를 빌려주고 가을에 그 대가로 농산물을 싼값에 가져가는 일종의 유사 선물투자가 존재한다. 북한 당국이 보장하지 못하는 영농자재를 각 협동농장이 자체 해결하여 농산물 할당량을 달성하도록 협동농장법으로 유사 선물투자 행위를 허용하고 있다.

2 북한의 은행

조선중앙은행(정식명칭, 조선민주주의인민공화국 중앙은행)은 1946년 10월 설립된 이래 발권, 통화 조절, 주관 기관 및 기업소 고정자산평가, 국가자금 이용에 대한 재정적 통제 업무를 담당하며, 상업은행이 활성화하지 않은 상태에서 주민 저금업무 등 시중은행 서비스를 담당하였다.

북한은 당초 사회주의 재정금융 체제에 맞추어 조선중앙은행 중심의 일원적 은행제도를 채택해 왔으나, 은행시스템의 떨어진 신뢰를 회복하고, 주민저금사업 활성화에 집중하기 위해 2006년 상업은행법을 제정하였고, 지속되는 경제 위기 상황에서 화폐 안정화와 화폐유통의 공고화를 이루기 위해 2015년 조선중앙은행법과 조선상업은행법 개정으로 은행제도를 조선중앙은행과 상업은행으로 이원화하였다.

상업은행법은 저금의 활성화를 위하여 수시로 입출금할 수 있고, 법적으로 개인의 저금 비밀을 보장하며, 북한 돈과 미 달러화, 중국의 인민폐, 유로화 등 외화환전, 선불카드나 현금카드 중신의 은행카드 발급업무를 담당하고 있으나, 현재까지는 주민사회의 신뢰를 얻지 못하여 기업소 자금융통 업무에 치중하고 있다, 상업은행은 국가상업은행과 지역상업은행, 외국투자은행의 3종류로 나뉜다.

국가상업은행은 대외거래와 외환를 담당하고 있는 조선무역은행(정식명칭, 조선민주주의인민공화국 무역은행)과 노동당, 인민무력부 등 국가기관의 무역업무를 지원하기 위한 30여개 대외결제전담 전문은행, 외국인과 재외 교포의 투자로 운영하는 합영은행으로 구성된다.

조선무역은행은 중앙은행에서 1959년 11월 분리한 외화 취급 전문 국가금융기관이다. 내각 재정성 및 조선중앙은행의 국가재정 및 화폐 관리정책에 상응하여 외환관리 세부 지침과 세부 규정, 규범을 정하고 내각의 비준을 받아 부문별 은행에 배포한다. 고정환율은 재정성이 정하나, 외화 예금, 저금, 대부 이자율, 결제, 현금환율은 조선무역은행이 정한다. 설립 초기, 재일교포 송금 거래와 환율, 무역 기관 화폐지불 업무와 북한에서 유일하게 비자카드와 마스터카드 대리점 운업무를 수행해 왔다. 법적으로 대외결제 업무, 외국은행과의 대리업무협정, 계좌관리협정, 차관, 연불, 대부 협정 등의 체결과 집행을 담당한다. 외화 수입·지출 계획의 집행 및 분석을 통한 국제수지 균형 유지, 외화 획득 및 이용을 통제하고, 외화 예금 송금, 교환 업무를 총괄한다.

대외금융거래 전문 국가 대외결제은행으로서 남한에서는 기업이 여러 은행을 통해 대외결제나 외화거래를 하는 데 비해, 북한의 기업은 조선무역은행을 대외무역 결제은행으로 지정하고 외화 입금 및 지출을 해야 한다. 2000년대 중반 이후에는 경제개혁조치의 일환으로 미국 달러화, 일본 엔화, 유로화, 스위스 프랑화 등 외화 정기예금을 취급하지만, 북한 주민의 외화 예금 예치는 드물다. 외화 출처 등에 대한 정부 감시 때문이다.

북한에 상주하는 모든 국제기구와 외국공관 및 기관, 외국계 투자기업은 조선무역은행를 통해 외화거래를 해야 한다. 다른 은행이나 북한 영역 밖의 은행과 거래를 할 때는 재정성과 합의해야 한다. 조선무역은행은 2004년의 남북한 합의 이후 한국수출입은행과 함께 남북한 교역 청산결제 전담 은행 역할을 하고 있다.

한편 조선무역은행은 금융서비스의 질을 개선하는 한편, 사경제에 유통하는 현금 통제를 목적으로 현금카드로서 외화 전자결제 기능이 있는 나래카드를 발행하고 있다. 나래카드는 미리 충전한 외화 범위 내에서 호텔이나 외화식당, 외화상점 등에서 사용할 수 있는 선불카드로서 현금을 소지할 필요가 없고, 위조화폐의 유통을 방지할 수 있으며, 거래 시 잔돈이 발생하지 않아 북한 주민에게 좋은 평을 받고 있다. 나래카드 발행 전에는 외화상점 거래 시 잔돈 대신 불필요한 껌이나 볼펜 등을 주는 경우가 적지 않아 구매자의 불만이 많았다. 그러나 여러 장점에도 불구하고, 외화거래에 관한 당국의 감시를 우려하여 해외 파견 노동자 노임 등 합법적인 외화 획득 범위 내에서만 사용하는 것이 일반적이다.

조선무역은행은 2001년에 국제은행간통신협회(SWIFT)에 가입하여 북한 은행의 전신송금을 대행하는 역할을 했으나, 2017년 SWIFT는 북한의 핵·미사일 자금줄을 막기 위해 조선무역은행을 퇴출하였고, 유엔 안전보장이사회 역시 대북제재 결의안에 의해 조선무역은행을 제재대상으로 지정하였다.

현재 북한에는 특정 무역상사들의 대외결제 업무를 전담하는 별도의 전문은행이 있다. 김정일 국방위원장 위임으로 2009년 1월20일 조선대풍개발투자그룹의 투자를 받아 설립한 국가개발은행은 북한에서 자산규모가 가장 큰 외화거래 전문은행인데, 라선시, 금강산관광 등 북한 내 투자기업의 외환 송금 및 투자 업무를 담당하며, 2019년의 남북정상회담 이후 남한과 협의하여 투자금을 10조 원 규모로 늘리고 명칭을 북한개발은행으로 변경하였다.

이외에도 라선시 경제개발 특구를 대상으로 1995년 2월 설립된 황금의삼각주은행은 북한의 기업소 대출업무와 외국기업의 외환거래 업무를 담당한다. 조선대성은행은 평양에 본점을 두고 1978년 11월에 설립된 이래 북한 역내에 50여 지점을 두고 가장 많은 외화거래를 한다.

합영은행은 해외 투자로 설립한 은행으로 7개가 운영 중으로 외화환전 및 송금업무를 맡고 있다.고려은행은 조총련 기업과 합영하여 설립되었으나 금융제재로 국가은행이 되었으며, 조선노동당 외화벌이 담당 부서인 38호실의 대외결제 업무를 맡는다. 조선용악산은행은 제2경제위원회 소관으로 1983년에 설립되어 환전 세탁과 무기 수출 자금을 담당한다. 묘향산은행은 조선노동당의 지시를 받는 인민무력성 외화관리 기관으로 홍콩 루비 홀딩스(Ruby Holdings)의 투자를 받아 송금, 외화매매, 경공업 분야의 단기 프로젝트를 담당한다. 고려상업은행은 1988년에 재미 교포단이 500만 달러를 공동 출자하여 설립한 합영은행으로 재미교포 외화송금 업무를 담당하고 미국 기업가의 금융업무를 총괄한다. 조선합영은행은 1989년 4월 평양 국제청소년 축제를 계기로 조총련 기업에서 20억 엔을 투자하여 설립한 은행으로 재일교포들의 송금업무, 저축 등 소규모 컨설팅을 수행한다. 화려은행은 정식명칭이 화려은행유한공사로, 1997년 11월 조선중앙은행과 중국인민은행이 자본금 5천만 달러로 설립하여 재정을 가장 많이 확보한 은행이다.

지역상업은행은 조선중앙은행의 12개 시도 지점이 전환한 것으로, 210개 시군 구역의 지점이 관할 기업소나 협동사업단체의 경영활돌 개선자금 융통 등의 자금관리와 아울러 주민 저금업무를 담당한다.

북한의 저금업무는 은행 저금망과 체신기관 저금망으로 이루어져 있는데, 은행 저금망은 지역상업은행의 지역별 지점과 저금소·저금대리소·저금대리인 등으로 이루어져 있으며, 체신기관 저금망은 우편국·체신소·체신분소 등으로 구성된다.

북한의 저금소는 우리의 은행 지점과 유사한 조직으로 저금을 전문적으로 취급하기 위하여 1947년 11월 조직된 것으로, 상업은행법에 의해 지역상업은행의 시, 군(구역) 지점의 직속 통제하에 사업을 수행하며, 공인 금융기관으로서 독립적인 재정상태표를 근거로 지역상업은행 시, 군(구역) 지점에 전용돈자리를 보유하고, 저금통장 등의 거래문건을 자체 명의로 발행한다.

저금대리소(貯金代理所, savings agency)는 당국이 정한 규정과 규범에 따라 저금사업을 군중적 운동으로 전개하여 근로자들이 생산에서 이탈함이 없이 아무 때나 편리하게 이용할 수 있도록 1962년 2월 도입한 단위조직으로, 기관·기업소 종업원들에게 북한 당국의 저금 정책과 저금의 의의를 일상적으로 알리는 금융교육으로 저금사업에 근로자의 적극적인 참여를 유도한다. 은행 지점이나 저금소, 체신 저금 기관이 없는 지역의 비교적 규모가 크고 저금 업무량이 많은 기관·기업소·협동농장 등에 설치되며, 기관·기업소의 '재정·부기 일군'(재무회계 담당자)이 업무를 겸임한다. 겸임 일군은 매달의 저금 수입 실적에 따라 일정한 보수를 받는다. 종업원이 넓은 지역에 분산된 국영 농목장 등에는 분장 단위의 저금대리소를 둔다. 저금대리소 역시 공인 금융기관으로 자체 저금통장과 저금 거래문건을 발행하며, 독립적인 재정상태표를 비롯하여 해당 지역 조선중앙은행지점에 저금 돈자리를 보유한다.

규모가 작은 기관이나 기업소, 직장, 작업반, 인민반 등에는 저금대리인을 배치하여 저금업무 담당하도록 한다.

북한의 기업소 유형

구분	유형
경영 방법	경비예산제기업소, 독립채산제기업소
소유 형태	국영기업소, 협동단체기업소
재생산과정에서의 위치	생산기업소, 유통기업소
생산 부문	공업기업소, 농업기업소, 건설기업소, 운수기업소
관리 소속	중앙공업기업소, 지방공업기업소
기업소 규모	특급, 1급, 2급, 3급, 4급 등

외국투자은행은 1993년 외국투자은행법 제정 이후 ING-동북아세아은행과 페레그린-대성은행이 설립되었으나, 수익성 저조, 홍콩 페레그린 파산 등으로 사업을 철수하거나, 영업이 중단 상태에 있다.

3 북한의 돈과 화폐 개혁

북한의 공식적인 화폐는 북한 원이다. 통화와 기금의 표기법을 위한 국제 표준 코드(ISO 4217: 2008 Codes for the representation of currencies and funds 4217)는 KPW이고 기호로는 우리와 같이 ₩로 표시한다. 우리나라 원의 ISO 4217 코드는 KRW이다.

북한 원은 지폐와 동전으로 구성된다. 지폐는 5원, 10원, 50원, 100원, 200원, 500원, 1000원, 2000원, 5000원 권이 있다. 동전은 1전, 5전, 10전, 50전, 1원이 있다. 북한 지폐의 액면 등급은 5~6개에서 현재 9개로 늘어났다. 이는 고 인플레로 인한 것으로, 1992년 전 최고 액권은 100원이었으나 2000년에는 500원, 2009년에는 5000원이 되었다.

북한 시장에서는 북한 원과 함께 외화가 통용되고 있다. 북한 당국은 공식적으로 외화 통용을 허용하지 않고 있어 가끔 외화 사용 금지에 관한 포고문을 내기도 하지만 사실은 이를 거의 묵인해왔다. 현재 북한에서 쓰이는 외화는 미국 달러, 일본 엔화, 유럽의 유로, 중국의 위안화이다. 평양에서는 달러와 유로가, 국경 일대에서는 위안화가 주로 통용된다. 북한은 종래 2중환자제를 적용하여 시장환율과 당국의 공식환율이 10배 이상 차이가 났으나, 시장의 외화를 금융시스템으로 흡수하기 위해 시장환율에 국정환율을 연동하여 2020년 11월 국정 환율을 1 US달러 당 6,500 북한원(KPW)으로 책정하였으나, UN제재, 자연재해 등의 영향으로 2021년 8월에는 국정 환율이 4,500원으로 급등하는 등 환율이 매우 불안정하다.

북한에서 북한 원과 외화가 동시에 유통되는 주되는 이유는 잦은 화폐개혁에 있다. 북한에서는 해방 이후 현재까지 5차례의 화폐개혁이 진행되었다. 북한에서 화폐가 처음으로 발권된 것은 1947년 12월이다. 해방 후 남북은 일제의 조선은행(현 한국은행)이 발권한 원화를 쓰고 있었다. 북한당국은 화폐유통에서의 혼란을 막고 자본을 국가에 집중시켜 독자적인 재정금융체계를 수립하기 위하여 북한 화폐를 발행했다. 북한은 1959년 2차 화폐개혁을 단행하였다. 이 화폐개혁에서는 구화폐를 100:1의 비율로 교환해줌으로써 인플레이션으로 높아진 화폐의 액면가를 낮추었고 발권은행의 이름을 북조선중앙은행에서 조선민주주의인민공화국 중앙은행으로 바꾸었다. 3차 화폐개혁은 1979년 2월에 있었다. 이 화폐개혁은 화폐의 디자인을 바꾸는데 목적이 있었다. 김일성 김정일의 업적을 나타내는 김일성의 초상, 만경대고향집, 꽃 파는 처녀 등의 그림이 화폐에 새겨졌다.

1990년부터 북한의 경제 상황의 악화로 국가는 심각한 재정 부족에 처하게 되었다. 이를 타개하기 위해 1992년 7월 4차 화폐개혁을 실시했다. 화폐 교환 시 1가구당 400원만 교환해주었고 3만 원까지는 은행에 예금하도록 했다. 그 이상은 무효로 되었다. 당시 은행에 예금한 돈도 1990년대 말에 가서야 돌려주었는데 인플레로 인해 돈의 가치가 20분의 1로 하락하였고, 2009년 12월 인플레이션 억제, 국가재정확충, 시장 활동 억제를 통한 계획경제 복원을 목적으로 5차 화폐개혁을 실시하였는데, 교환 비율은 100:1, 교환 한도는 1가구당 10만원이었다. 그러나 식량 배급과 상품 공급이 뒤따르지 못함으로써 물가가 치솟아 상품 품귀현상이 일어났다. 국가는 쌀 1kg의 가격을 50원으로 정했지만 3천원 최고 7천원까지 상승하여 5차 화폐개혁은 실패로 끝났다.

북한 주민들은 화폐개혁으로 중앙은행을 믿지 않게 되었다. 예금을 하면 돈을 잃는다고 생각하기 때문에 국가에서 공급한 화폐는 시장과 가계에서 유통될 뿐 은행으로 들어오지 않았고 2009년 화폐개혁으로 주민들이 북한 화폐까지도 믿을 수 없게 만들어 외화만 찾게 되었다. 화폐개혁 직후에 국경지역에서는 채소까지 위안화 아니면 팔지 않아서 한때 소액 위안화 부족 현상이 나타나기도 했다. 현재는 북한 화폐에 대한 불신이 이전보다 조금 개선되었지만, 현재도 주민들은 돈을 벌면 외화로 바꾸어 저장한다. 시장에서는 외화가 북한 돈보다 더 환영받고 있는 것이다.

4 북한의 예금과 저금, 예금 금리

북한에서 돈은 필수적 생활수단이다. 저금제도는 가계경제를 운영하는 국민의 신뢰 기반으로서 존재한다. 그러나 현실적으로는 이용 목적, 동원 목적으로 근로자들의 화폐소득 가운데 일시적 잉여 부분을 국가에 반환하여 계획적으로 이용하는 수단으로 기능한다.

북한에서의 예금은 기업소나 기관 대상의 저축상품, 저금은 주민 대상의 저축상품을 의미하는데 상업은행의 정기예금 금리는 6개월 만기가 연 5~7%, 1년 만기가 연 6~7.5%로 책정되어 있다.

북한에도 보통저금, 준비저금, 정액저금, 추첨제저금 등 다양한 형태의 저금이 존재한다. 그러나 1990년대 이후 경제가 어려워지고, 다섯 차례 화폐개혁 과정에서 주민들이 저축을 되돌려주지 못하면서 저축의 본질적 기능을 상실하고 있다.

5 무현금 지불수단 - 행표와 수형

행표(bank check)란 돈을 지급할 의무가 있는 채무자가 본인의 은행 예금계좌에서 돈을 찾아갈 수 있도록 채권자에게 발행하는 유가증권인 수표에 해당하는 북한말이다.

행표는 기관, 기업소 간의 무현금 유통에 사용되는 무현금행표와 기관, 기업소와 주민들 사이의 현금 유통에 발행되어 은행에서 직접 현금으로 찾아갈 수 있는 현금지불청구서로서의 현금 행표로 나뉜다.

북한에서 어음(promissory note)은 수형(手形)으로 불리는데, 돈을 지급할 의무가 있는 채무자가 얼마의 돈을 언제 어디에서 지급하겠다고 채권자에게 약속하거나, 또는 채권자가 제삼자인 채무자에게 얼마의 돈을 언제 지급하도록 위탁하는 내용으로 발행하는 증서이다. 수형은 17세기 후반부터 우리나라에 존재해 온 지불 수단으로 행표보다 훨씬 더 오랜 역사를 가졌는데, 채권자에게 지급을 약속하는 수형은 약속수형(약속어음)이라고 하며, 제삼자에게 돈의 지급을 위탁하는 수형은 환자수형(환어음)이라고 하는데, 외상 상거래뿐 아니라 원거리 지역 간의 송금 거래에도 널리 이용된다.

수형의 기능은 네 가지로 나뉜다. 첫째, 판매자나 채무자가 구매자나 채권자에게 거래대금을 일정 기간 뒤에 지급하게 하는 신용거래 기능, 둘째는 상품거래와 관계없이 은행에서 자금을 빌리기 위한 금융수형(남한의 융통어음)으로서의 자금 융통 기능. 셋째, 원거리 거래나 국제 거래에서의 송금 기능, 넷째, 채권자가 채무자를 지불인으로 하고 자기 또는 제삼자를 수취인으로 하는 환자수형(환어음)으로서의 채권 회수 기능이다.

최근에는 북한이 전자결제시스템 도입을 확대함에 따라 행표와 수형의 활용도가 점차 줄고 있다. 시장경제가 확산하고, 전자결제 추세가 확대되고 있기 때문이다.

6 사금융의 역할 - 돈주와 이관집

북한에서는 1990년대 후반 이래 시장경제가 확산하면서 장마당이나 대외무역으로 자금을 축적한 돈주들이 상업은행이나 공금융이 수행하지 못하는 자금 중개 및 신용공여 기능을 수행하고 있다. 이러한 사금융은 지하경제는 물론 공식 경제영역에까지 폭넓은 영향력을 미치고 있으며 북한 당국도 이를 묵인하고 있다.

이관집(private remittance house, 移管所)이란 사채업자인 돈주가 사금융으로서 국내외 송금, 환전, 대출, 투자 서비스를 제공하는 비공식 거래소이다. 이관집의 결제방식은 은행과 유사하다. A지역의 상인 a가 B지역의 상인b에게 상품대금을 송금할 때, a가 A지역의 AA이관집(돈주a)를 찾아가 송금을 의뢰하면 B지역의 BB이관집이 돈주b에게 현금을 지급하고, AA이관집과 BB이관집이 장부에 기록하여 상호 정산하는 방식으로 결제를 진행한다. a는 b와 전화로 이체 결과를 바로 확인할 수 있다. 이관집을 통한 송금 수수료는 1% 수준인데, 현금을 원격지에 직접 보내는 경우보다 안전하고, 편리하며, 비용이 적게 들기 때문에 널리 이용되고 있다.

최근 북한 당국은 민간 자금을 상업은행 등의 공식 금융시스템으로 흡수하여 화폐의 순환을 정상화함으로써 국가 자금관리를 효율화하고 중앙정부 재정부담을 줄여나가기 위해, 나래카드, 전성카드 등의 전자화폐 사용과 은행계좌 기반의 송금 결제를 적극적으로 권장하고 있는데, 사용하기 편리하고 수수료가 낮아 주민들의 호응을 얻고 있다. 따라서 앞으로 사금융 이용이 축소될 가능성이 있지만, 아직은 공금융이 주민의 신뢰를 얻지 못하는 상황이고, 공적 영역에 노출되기 꺼리는 금융거래 관행으로 인하여 이관집의 이용은 상당기간 지속될 것으로 보인다. 공금융이 제공하지 못하는 신용공여 및 투자 수요로 돈주의 역할 역시 상당 기간 지속될 전망이다.

7 환치와 전자결제시스템

환치(換置)란 현금이 아닌 증서를 통해 결제나 송금하는 북한말이다. 환(換) 개념에서 출발한 자금 이체 방식으로 현금을 물리적으로 이동하지 않고 증서를 통해 거래당사자 은행의 계좌 사이에서 결제하거나 송금하는 거래방식이다. 1990년대 이전까지는 소련 등 사회주의 국가가 루블화 계좌를 중심으로 국가 간 무현금 결제를 위해 널리 사용했으나, 사회주의 몰락 이후에는 북한 내부 용도로 북한 내 거래자의 결재에만 쓰이인다.

자동환치체계란 남한의 전자결제시스템과 같은 것으로 전자계산기(컴퓨터)를 비롯한 현대적인 기술 수단에 의하여 은행에 개설된 거래당사자의 계좌 간에 자금이동이 이루어지는 체계를 뜻한다. 현재 북한은 환치증서를 이용하는 수동적 방식의 환치거래를 금융정보화를 통한 전자금융시스템으로 치환하고 있다.

북한에는 금융거래의 신속성, 정확성, 투명성 및 편리성을 기치로 휴대폰 요금에 거래대금을 부가하는 전자결제 방식이 등장하고 있지만, 북한 당국은 주민에게 휴대폰 요금을 활용한 결제보다 은행 계좌나 은행 발행 카드를 이용한 결제를 권고하고 있다. 북한 당국은 기업과 개인의 금융결제 거래를 편리하고 정확하게 관리 및 통제하기 위하여 전자결제시스템 등 금융정보화의 활성화하려 노력하고 있다.

8 전자상업 대금 결제

전자상업(electronic commerce)이란 전자상거래(e-commerce)를 일컫는 북한말이다. 북한이 전자상점이라고 부르는 온라인 쇼핑몰은 인트라넷을 통한 전자상거래 방식으로 운영한다. 북한 주민은 인터넷을 사용하지 못하고 그 대용으로 역내 정보통신망인 인트라넷을 사용한다. 북한의 초기 인트라넷은 기관 또는 기업 간 정보교류 목적으로 활용하다가 2015년 온라인 쇼핑몰 옥류가 개설되면서 전자상업 수단으로 발전했다.

옥류는 내각 직속 행정기관인 인민봉사총국에서 2015년부터 개발·운영하는 전자상거래 시스템이다. 사용자는 컴퓨터 및 모바일 기기를 통해 북한 인트라넷 광명망의 해당 사이트에 접속하여 식품이나 경공업 제품을 구입할 수 있다. 옥류는 상품소개를 위해 모양과 색상·가격·특성 등을 사진과 함께 홍보하는데, 전자결제 구매는 물론 택배도 가능하다.

2015년에는 옥류에 이어 상연이 설립되었고, 이후 연풍상업정보기술사의 만물상, 평양광명정보기술사의 실리, 내나라, 광흥, 은파산 등의 전자상업 시스템이 연달아 구축되었다. 이들 온라인 쇼핑몰에서는 모바일 상품 구입 및 결제를 할 수 있다. 만물상은 현금 위주 거래 관행을 벗어나기 위해 당국이 연풍상업정보기술사와 함께 구축한 전자결제 시스템이다. 만물상의 운영사인 연풍상업정보기술사는 모바일 전자결제와 해외판매 사업으로 영역을 확장 중이다. 연풍상업정보기술사는 만물상을 기반으로 한 온라인 쇼핑 플랫폼 사업과 함께 최근 해외 전자결제 영역으로도 진출하고 있다. '만물상 전자지불'은 "임의의 시간과 장소에서 손전화기 만으로"라는 소개 문구처럼 휴대폰만 있으면 언제 어디서나 이용할 수 있다.

북한의 인트라넷 거래는 상품 주문 시 개인정보 입력으로 배송이 이루어지면 구매대금을 지불하는 구조로 이루어진다. 온라인 구매에는 반품 불가 원칙이 적용되고, 다른 지역 특산물 거래에는 주문 후 2~3일 정도의 기간이 소요된다.

9 환자와 환자거래

환자(換資)는 외화자금 또는 환율을 말하고, 환자거래(foreign exchange transaction)란 북한에서 외환거래를 이르는 말이다. 외환거래란 한 나라의 화폐와 다른 나라의 화폐가 교환되는 거래이다. 넣는 환자거래란 송금인의 요청으로 본인이 거래하는 은행과 거래상대방의 은행을 통하여 거래상대방에게 돈을 보내는 환거래라는 뜻이며 순환자라고도 한다. 역환자는 돈을 받아야 할 당사자의 요청으로 본인이 거래하는 은행과 거래상대방의 은행을 통하여 상대방으로부터 돈을 받아내는 환거래를 말한다.

북한의 금융용어 중 가장 구체적으로 세분되고 내용상으로 발전한 분야 중 하나가 환자이다. 그 가장 큰 이유는 북한의 경제가 의외로 대외의존도가 높고 무역거래가 활발하기 때문이다. 무역거래는 거래 상대방과의 외환 결제를 수반하고 그 과정에서 외환시장의 국제적인 관행을 따를 수밖에 없는 것이다.

또 다른 이유는 북한의 실물 상거래에서 미국 달러화와 중국 위안화가 주요한 결제 수단으로 통용되고 있기 때문이다. 북한 전역에 걸쳐서 장마당은 물론 국영상점에서도 미국 달러화 등 외화가 통용되는 이른바 달러라이제이션(dollarization) 현상이 벌어져 북한의 상인들은 외환시세에 매우 민감하다고 알려져 있다. 그러나 북한 당국은 풍수해로 경제가 어려워진데다 코로나19의 영향으로 대외교역이 대부분 중단되자 국내 거래에서의 외화 통용을 금지하였다.

환자은행은 외국환은행으로서, 북한의 조선무역은행을 비롯한 다수의 무역은행이 환자은행 역할을 수행한다. 환자중개업자(exchange broker)란 외국환 중개인을 의미한다. 환자 시세는 외환시세를 의미하며, 환자차손익은 외화 또는 외화표시의 채권, 채무의 거래 과정에서 환자 시세의 변동으로 생기는 손해와 리익을 말하는데, 외환차손익에 해당하는 환자결제손익과 외화환산손익에 해당하는 환자환산손익으로 나뉜다.

환자위험은 환자시세의 변동으로 발생하는 위험을 말하며, 환자손실회피거래란 남한의 환헤지(currency hedging)와 같은 의미로 환자시세 변동에 의하여 발생하는 손실을 회피하거나 줄이기 위한 거래로 환자 헤지라고도 한다. 환자선물거래(또는 기한부환자거래)는 선물환거래(currency forward)에 해당하는 용어로서, 일정한 조건으로 장래에 외화매매를 진행할 것을 미리 약속하고 진행하는 거래이다.

10 북한의 금융투자

북한의 공금융에는 투자의 개념이 존재하지 않는다. 따라서 주식회사가 존재하지 않고 증권회사도 없다. 주식의 개념과 정의 자체가 자본주의 범주에 속하는 부분이기 때문이다. 주체의 정치경제학, 사회주의 기업관리, 대안의 사업체계 등 폐쇄적인 사회주의 계획경제체계를 유지하고 있는 북한은 자본주의와 조금이라도 관련되어 이념과 체제에 위배 되는, 적대적인 것으로 간주하고 철저히 금하고 있다.

불법이긴 하지만 유사 금융투자는 존재한다. 암암리에 뿌리박힌 고리대가 북한 주민의 투자 욕구를 흡수하고 있다. 대표적으로는 개인끼리 돈을 빌려주고 이자를 받거나, 봄철에 협동농장에 비료, 원유 등 부족한 영농물자를 빌려주고 가을에 그 대가로 농산물을 싼값에 가져가는 일종의 유사 선물투자가 존재하는 것이다. 이런 행위는 불법이었지만, 북한은 2015년 협동농장법 제정으로 당국이 보장하지 못하는 영농자재를 각 협동농장이 자체 구매하여 농산물 할당량을 달성할 수 있는 유사 선물투자 행위를 일부 허용하고 있다.

11 북한의 보험제도

1946년 4월, 북한 최초의 보험회사인 고려화재보험주식회사가 설립되고, 조선중앙은행이 운영하던 국민공영고려보험주식회사가 1951년 2월 조선보험주식회사로 개편한 후 1954년 1월 국가보험제 실시에 따라 재정성 보험관리국에 이관되고, 현재 국영보험회사인 조선민족보험총회사가 명목상으로 생명 및 비생명 보험으로서의 재산보험, 해상보험, 경제협력보험, 재보험 업무를 담당하고 특히 북한에 투자한 외국기업의 화재보험과 자동차보험 등 국제보험 문제를 처리하고 있다.

그러나 북한의 대내 보험은 실질적으로 조선중앙은행의 보험취급단위가 담당한다. 2005년에는 중앙은행으로부터 국가단일보험제도로서의 인체보험인 생명보험이 시작되었다. 인체보험은 노동자의 로임에서 의무적으로 자동납부하여 보험금을 조성하는데, 보건복지 예산으로 활용된다. 보험가입자가 사망하거나 병에 걸리는 경우 보험금을 직접 지급하지 않고, 보건 복지 차원에서 무상 치료하는 것이다. 이 밖에 예산수입법에 따라 사회보험 재원 마련을 위해 사회보험료를 의무화하여 노동력 상실 등으로 출근하지 못하는 경우의 보조금 또는 여성들의 산전 산후보조금을 지급한다. 인체보험 이외의 생명보험으로 사망보험, 불상사보험, 어린이보험, 여객보험, 해외여행자보험. 부양자보험 등이 있으나, 주민사회에서 활성화되어 있지 않다.

최근에는 대외사업 및 교류를 목적으로 해외 파견 공민이 해당 나라에서 체류 또는 여행 과정에 사고를 당하는 경우 의료비를 비롯한 생명 안전 보장 비용을 보상하는 해외 여행자보험이 생겼다.

최근에는 보험의 범위가 비인체보험으로 확대되어 화재보험은 물론 농작물보험, 집짐승(가축)보험, 컴퓨터설비보험, 손전화기(휴대전화)보험 등도 등장했다. 제품질보증보험, 봉사시설화재보험, 가정용전자제품보험, 컴퓨터설비보험. 가정용전자제품보험 등이 있다. 기업소보험으로서는 화재보험, 배 보험, 자동차보험, 수송화물보험 등이 있다. 북한 당국은 2016년 이후 북극성보험회사, 삼해보험회사, 미래재보험회사 등 3개의 손해보험회사를 신설하여 시장화 진전으로 증가하는 대내적 보험 수요애 대응하려 하고 있다. 2016년 8월에는 화재, 기술, 신용, 농업보험 등을 아우르는 손해보험회사로써 북극성보험회사가 설립되었고, 2016년 10월에는 해상, 항공보험 영업을 하는 삼해보험회사가 설립되었다. 2017년 10월에는 기술, 해상, 농업보험을 다루는 미래재보험회사가 설립되었다. 북극성보험회사는 화재보험, 기술보험(기계파손보험, 이윤손실보험, 건설공사보험, 완공된 구조물보험) 농업보험(농작물보험, 과수보험, 양어보험), 재보험 등을 담당하고, 미래재보험회사는 북한 최초의 재보험 특화 전문회사로 기술보험, 해상보험, 농업보험 등을 담당한다.

대외보험은 해상보험, 재보험, 투자 등 비생명보험을 취급하는 국가보험기관인 조선국제보험회사가 주관한다. 조선국제보험회사는 중국, 파키스탄, 인도네시아, 프랑스, 독일, 스위스, 베네수엘라 등의 나라들과 보험 및 투자대표부를 두고 보험활동과 함께 투자, 무역, 선박 운영 등을 전개하는데, 아시아, 아프리카 보험 및 재보험연맹, 국제해상보험연맹, 발전도상국가보험 및 재보험협회, 국제보험법학회의 일원으로 활동하고 있다. 이밖에 삼해보험회사는 해상선체보험, 해상화물보험, 해상배상책임보험, 재보험, 항공보험 등을 담당한다.

금융 국제화와 금융 자유화가 진전되고, IT 정보기술의 발전과 보험에 관한 수요가 변화하면서 북한의 보험 환경도 변화하고 있다. 보험설계사, 대리점, 중개사 채널이 활성화하고, 높은 정보기술(IT) 발전으로 홈쇼핑, 인터넷 포털사이트 등 비대면 채널을 통한 영업을 준비하고 있다.

8장.
금융에 대한 새로운 정책과 비전: 통일한국과 아시아 금융허브의 모색

윤경희(두나미스 회장, 전 맥쿼리 증권 한국회장)

1 글로벌 환경의 변화

이미 제 4차 산업혁명이라는 큰 파도 속에 더하여 근래의 펜데믹 현상과 미중간의 갈등으로 우리는 인류사상 그 유래가 없는 변화와 혼돈의 시대에 살고 있다. 따라서 금융을 포함한 모든 경제 활동은 물론 정치, 외교, 안보, 문화 등 모든 면에서 미래는 더욱 불확실하고 혼돈스런 속에 새로운 패러다임과 새 질서가 형성되어 가는 과정에 있다. 이에 따라 각국은 각자도생과 자국 이익주의에 충실하고 정부의 역할은 더욱 커지고 중요한 기능을 하게 되어있다.

다보스 포럼의 창시자 클라우스 슈밥은 이러한 변화를 속도 (speed), 규모 (scale), 다방면 (scope)의 3S 변화로 특정지었고 각 나라와 기업, 개인은 생존 (survival)이 더욱 중요한 목표가 되었다. 따라서 정부의 행태 또한 단순한 rule maker에서 market player 내지는 industrial participant로 기능하게 되면서 포퓰리즘과 보호주의의 경향을 강하게 보이고 있는게 현실이다. 따라서 저성장, 저고용, 저금리가 뉴노멀로 받아드리게 됨에 따라 이러한 변화와 위기를 새로운 기회로 인식하여 금융산업을 육성하고 서울을 금융허브로 만들기 위한 정책적 initiative를 수립 및 시행 하기에 더없이 좋은 여건으로 보여진다.

요즈음 중국의 홍콩에 대한 과도한 간섭과 규제, 그리고 "Global Banking in One Hand"를 목표로 하는 새로운 금융산업의 패러다임을 잘 활용하여 서울을 아시아 금융산업의 한 축을 담당하는 허브로 키울 수 있는 절호의 기회가 아닌가 한다.

2 한국 금융업의 현실

1) 은행 중심의 금융산업

우리나라의 경제구조를 보면 전체적으로 제조업과 수출업 중심으로 되어 있어 서비스 부문이 상대적으로 취약하고 특히 고부가가치 산업인 금융산업은 제조업에 비하여 많이 뒤떨어지고 그 규모와 전문성 및 국제화 측면에서 개선, 성장해야 할 필요가 절실하다. 금융산업이 은행, 증권, 보험, 자산운용 등 칸막이가 철저하게 되어있고 대형금융업은 은행중심으로 되어 있음에도 자산 또는 자본의 규모가 국제 수준에서 세계 랭캥의 60위 밖에 위치하여 아직 많이 미흡한 것이 현실이다. 이러한 경향은 세계의 흐름과 많이 달라져 있고 글로벌 관행과도 달라 전체적으로 재검토와 조정이 필요하다고 본다.

2) 과도한 규제와 정치적 영향력

우리나라에서 일하는 많은 외국금융기관들이 근래에 많이 철수하는 이유

중에 하나는 무엇보다도 장사가 잘 안되는 이유이기도 하지만 그 원인이 과도한 규제와 정치적 배경으로 행해지는 간섭으로 상업적 목적이 달성 되지 못하는 까닭이기도 하다. 이에 우리나라에 진출한 외국금융기관은 다른 나라에도 다 진출해 있는데 글로벌 스탠다드가 아닌 규제와 관행, 그리고 정부의 간섭은 은행의 전문성과 자율적 상업주의에 크게 반하는 것으로 받아드리게 된다.

아울러 강력한 노조문화와 수시로 변하는 정책적 방향과 내용 역시 금융기관의 경쟁력과 수익성 향상에 지대한 영향을 준다. 엄격한 금산분리와 대주주의 적격성 등도 새로운 금융환경 하에서 다시 한번 재검토 할 시점에 이르렀다고 본다.

3) GDP 기여 및 고용률

상대적으로 뒤떨어진 금융산업은 GDP에 대한 기여도 및 고용률 측면에서도 상당히 낮은 수준을 보여주고 있다. 한 자료에 의하면 2002년도에 금융산업의 GDP 기여도가 6.4% 였는데 2018년도에는 5.3% 였다고 한다. 한때 신재윤 금융위원장 시절 10.10 정책이라는 목표가 있엇 GDP와 고용에서 10% 유지를 목표한 적이 있지만 그 이후 금융에 대한 어떠한 비전도 들어본 적이 없다. 한 자료에 의하면 금융 취업자 역시 2016년 약 82만명에서 2018년 약 85만명이었다고 한다. 물론 금융이 디지털화 하고 인간 노력이 기계로 대체되는 영향이도 하지만 새로운 변화는 새로운 일자리를 창출하기도 하는 것이다.

4) Fin Tech의 발전과 육성

삼성, LG 등 IT 부문의 하드웨어 발전에 비하여 금융 소프트웨어와 Fin Tech 분야에서는 미국, 유럽, 중국 등에 비하면 현저히 뒤떨어 지고 있음이 현실이다. 최근에 카카오뱅크의 상장을 통하여 인터넷 은행에 대한 관심이 높아졌으나 타국에 비해 상당히 뒤떨어진 바 금융기관과 IT기업 간의 융복합에 의한 시너지를 확대할 필요가 있다. 중국의 텐센트, 알리바바, 바이두 등의 인터넷은행은 2015년경부터 설립 및 운영하고 있고 일본의 경우 소니 뱅크, 세븐뱅크 등의 경우 2000년 초기부터 인터넷은행이 설립, 운영되고 있음에 비추어 우리의 인터넷 은행의 설립과 운영은 이미 상당히 늦게 시작하였고 그만큼 뒤떨어져 있는 것이다.

3 북한의 금융현실

네델란드의 ING은행은 1995년부터 2000년까지 북한 합작은행을 경험한 적이 있다. 북한보험공사와 ING 그룹이 3:7 비율로 약 5년간에 걸쳐 경험한 바에 의하면 북한의 금융산업은 아직도 많이 취약하고 하나의 금융업으로 독립하여 자생하기에는 많은 시간과 비용, 노력이 필요로 할 것으로 추측된다. 물론 오래 전의 경험이기는 하지만 근래에 강화된 UN과 미국의 금융제재 및 펜데믹에 의해 악화된 금융업 여건 등에 비추어 크게 상황이 나아졌을 것으로 생각되지 않기 때문이다.

당시 ING의 대표로 합작은행 CEO였던 Keith Cheating에 의하면 무엇보다도 임직원들에게 수익개념이 없다는 것이 눈에 띄는 점이었다고 한다. 아울러 국제거래에 대한 지식과 경험이 거의 없고 심지어 복식회계에 대한 인식수준도 극히 초보단계였다고 한다. 한마디로 금융인으로서의 전문지식과 금융거래에 대한 인식이 극히 낮은 수준으로 교육을 많이 시켜야 했고 또 금융기관의 인사와 운영에 대해서 당의 간섭이 많았었다고 한다.

아울러 UN 제재와 폐쇄경제로 인해 금융의 경쟁력이 취약하고 규모의 경제를 실현하기가 어렵다는 판단으로 2000년에 합작은행을 철수하였다. 금융은 경제활동의 일부인 바 전체적인 남북간의 협력차원에서 제조업과 실물 및 금융이 함께 협력하고 성장, 발전하도록 큰 틀의 마스터플랜이 필요하다고 본다. 따라서 단기적 정치럭 목적보다도 장기적이고 진정한 협력과 개발로 함께 성장 및 발전할 수 있는 전략과 계획이 필요할 것이다.

4 금융에 대한 새로운 비전과 정책

금융 산업이 전문화되고 글로벌화 되면서 금융은 단순한 제조업에 대한 지원산업이 아니고 그 자체가 부가가치가 높은 고급의 서비스산업으로 인식되고 발전되어 왔다. 예컨데 싱가폴, 스위스 등은 물론 독일, 미국, 영국 등은 금융이 국가의 주요산업으로 자리잡고 발전되어 왔다.

특히 근래에 "Global Banking in One Hand"의 트렌드에 따라 모든 금융상품의 판매와 서비스의 제공이 온라인화 되면서 금융이 국경과 지역을 초월하여 거래되고 경쟁함에 따라 IT 강국인 한국도 이번 기회에 중앙정부의 initiative와 정책 수립하에 주요산업으로 육성함과 동시에 서울을 아시아의 금융허브로 발전시키려는 노력이 절실하다고 본다.

즉 금융을 새로운 미래의 전략사업으로서 육성하려는 정책과 비전이 필요하고 그 구체적 실행계획을 서둘러 마련하여야 할 것이다. 모든 것이 급속히 변화하는 이 시대의 특성으로 보아 어쩌면 우리는 이미 늦었는지도 모르지만 더 이상 늦기 전에 하루라도 속히 기본계획과 구체적 실행계획의 수립이 필요한 것이다.

아울러 금융의 규제와 감독을 국제적 관행과 표준에 맞추고 금융산업 간의 업무영역 등 비합리적 규제와 제도도 개선해야 할 것이다. 무점포 비대면 거래를 위한 조치도 마련해야 한다. 금융이 지속적으로 발전하기 위해서는 기본적으로 돈벌이가 되어야 하며 금융은 인간 생활 및 경제 생활의 일부인 것이다. 따라서 금융인프라가 개선되어야 하는 바 세제, 회계, 감독, 교육, 세제, 언어 등 전반적 경제 현실과 생활을 글로벌 수준에 맞는 정책이 필요하다. 아울러 원화의 기축통화화도 적극적 검토해야 할 때가 왔다고 본다.

9장.
통일한국과 금융허브의 활용

정유신(서강대학교 기술경영대학 원장)

1 문제의 제기

오늘 주제는 통일 한국과 금융허브의 모색이다. 각각의 주제에 대해 지금까지 많은 논의가 있었지만, 제약요인들이 적지 않아 어느 한 주제도 해결하기 쉽지 않은 주제라는 의견이 많았다. 우선 남북한 통일의 경우 엄청난 통일비용, 북한 핵 및 군사적 도발위험, 주변 강대국의 이해 불일치 등 남한이 콘트롤할 수 없는 불확실한 변수가 워낙 많아서, 조달비용 상환도 못하고 경우에 따라선 부채 원리금증가로 인한 국가신용등급 하락 등의 우려도 나오는 상황이다.

금융허브도 어렵긴 마찬가지다. 금융허브의 여러 가지 강점이 있지만, 지금까지의 논의상 홍콩과 싱가포르와 어깨를 견주기 위해 필요한 세율인하, 노동규제 완화, 언어능력, 금융규제 완화 등을 취할 경우 자칫 실물경제나 수출에 좋지 않은 영향을 줄 수 있다는 우려를 충분히 씻어주지는 못했다. 오히려 최근 홍콩사태로 또 한번 금융허브로 자리매김해야 한다는 의견이 나왔지만,

결과는 脫홍콩 금융회사와 자금을 대부분 싱가포르에 빼앗겨 패배의식만 커진 상황이다.

이처럼 각 주제는 어찌 보면 난제다. 하지만, 시시각각 우리를 둘러싼 환경은 바뀌고 있고, 특히 최근을 포함한 향후 10년간은 혁명적인 환경 변화가 이뤄지고 있다. 따라서 혁명적 변화 하에서 두 주제를 연결하되, 각 주제에 대한 기존 발상을 완전히 전환해서 새롭고 과감하게 접근하면 어떨까.

2 실현 가능성

과거였다면 성공 가능성이 거의 없었겠지만, 산업환경이 급변하고 있고, 남북한의 강점이 혁명적 환경 변화 하의 강점이 있는 만큼, 이를 잘 결합하면 성공 가능성이 있고, 세계의 적극적 관심과 투자요청을 불러일으킬 수도 있다는 생각이다.

첫째, 환경 변화의 핵심은 뭔가. 현재와 미래를 관통하고 있는 글로벌 트렌드는 4차 산업혁명이며, 이것의 핵심적 특징은 모든 경제·산업구조의 디지털화와 이를 뒷받침하는 인프라기술 즉, ABCDIG(인공지능, 블록체인, 클라우드, 빅데이터, IoT, 5G)기술이다. 코로나19까지 가세해서 디지털·모바일화는 더욱 가속화되어 기존 산업구조를 빠른 속도로 재편하고 있고, 인공지능을 비롯한 핵심인프라기술들의 경쟁력을 확보하지 못하면 어느 선진국도 미래산업에서의 현 위치를 장담할 수 없다. 또한 디지털·모바일플랫폼혁명으로 전 세계의 소비자와 생산자가 손안의 시장에서 시간·공간 제약 없이 만날 수 있게 됨으로써 생산제품이나 서비스만 좋다면 과거보다 훨씬 단기간

(예 : 6개월 ~ 1년)에 전 세계시장으로부터 폭발적 주문을 받을 수 있게 됐다. 소위 창업한지 얼마 안 된 벤처스타트업이 기업가치 1조원을 뛰어넘는 유니콘 현상이 뚜렷해지고 있는 이유다.

또 하나 이러한 산업혁명시대에 우리가 유의할 점이 있다. 혁명적 변화시대에 국가의 흥망성쇠, 순위가 바뀔 수 있다는 점이다. 토인비가 말한 바, '도전과 응전' 등 여러 가지 이유가 있겠지만, 개인적으로 핵심요인으로 선진국의 자충수' 요인을 들고 싶다. 선진국의 정의를 다양하게 할 수 있겠지만, 선진국이란 혁명적 기술변화(하부구조인 경제의 가장 기초가 되는 구조)를 먼저 받아들여, 전 산업에 활용되는 이 인프라기술을 가장 생산적·효율적으로 사용하기 위한 상부구조(법, 제도, 시장 관행, 문화)를 선행적으로 정비한 국가라 할 수 있다. 이러한 전 산업의 기초가 되는 인프라기술이 유지될 때는 선진국의 우위와 순위는 크게 바뀌지 않는다. 하지만, 몇 십년만에 인프라기술에 혁명적 변화, 소위 산업혁명이 일어나면 얘기가 달라진다. 기존 인프라기술이 전 산업을 효율적으로 지배하고 있는 선진국일수록 새로운 혁명기술 도입시, 이해상충과 경제적 비효율(예 : 차세대전산시스템에 이미 대규모 투자한 경우), 고용이슈 등이 커질 수 있다. 혁명적 변화 때는 자충수가 없는 국가의 경우 잘만 전략적 접근을 하면 순위를 뒤엎을 수 있다. 전화와 카드가 전국에 깔리지 않은 중국이 단번에 스마트폰으로 전국에 전화와 카드기능을 보급한 것이 대표적 예다. IBM의 경우 자충수가 많은 미국에서 블록체인 인프라기반을 까는 것보다 이에 대한 아무 제약없는 아프리카에서 하면 성공가능성이 크다고 얘기하고 있는 것과 맥락을 같이 한다.

둘째, 그럼 이런 환경 변화는 남북한의 강점을 살릴 수 있는 여건인가?

답은 '예스'이고, 시도해볼 만하다는 의견이다. 우선 디지털·모바일 사용은 전 세계에서 젓가락, 숟가락'사용의 달인 국민인 한국이 단연 최고다. 이는 한국이 PC보급률, 디지털화, 스마트폰 사용률 면에서 거의 세계 톱인 점에서도 잘 나타나며, 다소 발동이 늦게 걸렸지만, 최근 3~4년 사이에 4차 산업혁명의 가속화로 모바일시장 확대, 플랫폼경제의 출현, 데이터경제 출범에 따른 인공지능 및 빅데이터기술의 활용확대가 두드러지고 있다. 또 이에 대해선 배달업체 '쿠팡'의 기대를 뛰어넘는 시가총액으로 미국상장, 기존 대형은행의 시가총액을 2배로 압도한 카카오뱅크 상장 등이 시장의 강한 긍정적 평가와 기대를 반영하고 있기도 하다. 젓가락, 숟가락'사용의 달인 면에선 북한도 마찬가지다. 북한의 가상화폐 해킹기술로 미루어볼 때, 북한의 IT보안·디지털기술, 인공지능 및 빅데이터 활용 잠재력이 상당히 클 것으로 생각된다. 게다가, 북한의 기술인력은 임금도 낮기 때문에 그만큼 경쟁력이 더 크다 할 수 있다. 이는 동유럽의 IT기술인력이 영국·서유럽에서 환영받고, 북한의 기술인력들이 중국에서 많이 활동하는 이유기도 하다. 따라서 남한과 잘 융합할 경우 더욱 큰 경쟁력을 만들어 낼 수 있단 생각이다.

셋째, 4차 산업혁명 하의 금융은 어떤 다른 산업보다 빠른 변화를 보이고 있고, 개인적으론 지금까지의 금융의 본질이 바뀌고 있을 정도의 급변이라고 생각한다. 4차 산업혁명 하의 금융은 지금까지와 다른 3가지 특징을 보인다. 하나는 이제까지는 볼 수 없고 만질 수 없는 무형(intangible)의 서비스였지만, 이젠 PC·스마트폰의 화면을 통해 금융서비스가 얼마나 빠르고 편리하고 안전한지 쉽게 보여줄 수 있기 때문에 더 이상 무형이 아닌 유형(tangible)의 서비스로 바뀌고 있단 생각이다. 또한 시간·공간제약 없는 디지털·모바일플랫폼을 통해 전 세계로 연결될 수 있기 때문에 이제까진 금융선진국 아닌

후발주자들이 꿈도 못꾸던 금융의 수출, 적극적 해외진출도 충분히 해볼만한 게임이 됐다.

둘은 생산-판매-소비라는 제품·서비스의 주기(cycle)로 보면 이제는 금융만큼 빠른 산업이 없다. 왜냐하면 금융은 무형이기 때문에 배달시간이 필요하지 않기 때문이다. 즉, 판매와 함께 바로 소비한다. 뿐만 아니라 데이터경제시대로 진입했기 때문에 순식간에 쌓이는 소비자 빅데이터를 활용하면 단시간에 소비자니즈에 맞는 다양한 맞춤형 금융서비스를 만들 수도 있다. 생산-판매주기도 대단히 짧을 거란 얘기다. 제조업의 경우 로봇을 사용해서 생산해도 원재료 수입, 생산과정 등 시간이 많이 드는 것과 비교하면 금융의 주기가 가상 짧아지고 있음을 알 수 있다. 이말을 초고속, 초연결사회로 모든 소비자와 생산자가 연결되고 있는 4G, 5G시대 관점에서 생각하면 무엇을 뜻할까. 한마디로 생산자(금융회사)는 소비자로부터 보다 소비자를 만족시키는 신상품에 대한 혁신압력이 커짐을 의미한다.

또 하나는 금융 데이터정보는 이제 더 이상 금융만이 아닌 비금융의 전산업의 데이터정보를 갖고 있단 점이다. 예컨대 금융결제 데이터는 금융화 데이터뿐만 아니라 모든 산업의 모든 산업의 모든 소비자 행동을 분석 할 수 있는 정보를 갖고 있다. 이는 금융데이터를 활용하면 비금융과 결합해서 새로운 비즈니스 모델을 만들 수 있고 또 다른 비금융산업에 마케팅포인트를 알려줄 수도 있고 따라서 다양한 융합모델 및 회사설립도 가능하다. 이를 금융허브와 관련해서 말하면, 이처럼 4차 산업혁명 하의 변화된 구조의 금융허브를 설립하면 금융산업뿐 아니라 비금융·제조업도 키울 수 있다는 말이다. 지금까지 IT가 우리나라에 소중했던 것은 IT라는 한 산업의 성장뿐 아니라 IT의 특성 즉, 모든 산업의 생산성·효율성을 높여주는 인프라성격을 지녔기 때문이다. 이제 4차 산업혁명의 금융 소위 디지털금융(핀테크)을 활용하면 IT에 버금가는 어쩌면 그 이상의 강력한, 이제까지의 수동적(passive)한 인프라로서의 금융이 아닌 대단히 적극적(active)한 인프라로서의 금융을 선도할 수 있는 기회가 왔다는 생각이다.

현재 글로벌 금융도 패러다임 전환기라 생각된다. 냉정히 생각해보자. 이미 금융의 빠른 디지털·모바일화로 글로벌 리테일모델은 종언을 고했다. 개도국, 신흥국에 나가 있는 선진국 은행의 소매모델은 디지털전환하지 못하면 더 이상 인력비용, 임대료를 들이면서 디지털화된 로컬 은행서비스와 경쟁할 수 없는 상황이 되고 있다. 추세는 글로벌 리테일모델의 퇴장이다. 리테일모델 없는 글로벌금융은 지금 패러다임쉬프트를 강요받고 있다. 이를 가장 빨리 캣취해서 디지털금융(핀테크)을 시도한 국가가 영국이다. 그러나 브렉시트(Brexit)로 인해 유럽과의 시장분리, 동유럽 IT·디지털기술인력 퇴출 등으로 어려움을 겪고 있는 상황이다.

이런 환경 하에서 남북한이 환경 변화와 강점을 결합하면 기회가 될까. 단연코 기회를 만들 수 있다는 생각이다. 과거와 현재 경제산업구조와 금융이 아닌 미래 경제산업구조와 금융을 목표로 남북한 공동의 신산업과 금융허브를 디자인한다면 충분히 승산이 있다고 본다. 발상을 바꾸자. 북한에 인프라를 구축할 때, 미래 산업을 위한 인프라투자를 목표로 할 필요가 있다.

3 새로운 접근방법

이러한 실현 가능성을 전제로 북한에 산업인프라를 구축할 때, 핵심은 도로, 철도, 항만 등 지금까지 우리에게 익숙한 인프라뿐 아니라 남북한의 경쟁력을 발휘할 수 있는 미래산업을 위한 인프라 구축에 힘을 쏟아야 한다는 점이다. 남북협력 중에도 언제든 북한이 돌출행동을 할 수 있고, 한반도를 둘러싼 4대 열강도 마찬가지여서 인프라 구축비용 조달을 위한 장기·저리의 국제금융은 정말 만만치 않다.

어떻게 하면 좋을까. 개인적으론 지금 전 세계를 강타하고 있는 4차 산업혁명과 ABCDIG기술혁명이 우리에게 있어 천재일우의 기회라는 생각이다. 혁명적 기술변화와 손안의 시장의 단시간내 시장확장성 때문에 단시간 내 폭발적으로 기업가치가 늘어나는 유니콘시대다. 미래산업 인프라투자와 함께 이를 기반으로 남북한이 미래 핵심기술을 활용하는 유니콘회사들을 만들어 나간다면, 북한의 돌출행동을 막고 4강을 포함한 글로벌시장의 적극적 협력을 얻어내는 것도 꼭 어려운 일은 아닐 수 있다.

디자인방법은 첫째, 남북한 함께 강점과 시너지를 낼 수 있는 블록체인과 인공지능 등의 기술에 집중해서 관련 산업과 대기업을 중심으로 한 인프라와 유니콘이 될 수 있는 벤처 스타트업들을 육성할 수 있는 생태계를 조성한다. 둘째, 이때 자본이 부족한 북한은 토지와 인력 등의 현물출자로 하고 특히 핵심기술인력의 경우 높은 배수의 Human Capital로 인정해서 인프라구축 시 출자 또는 남북한 합작사에 활용한다. 셋째, 인프라구축을 위한 해외로부터의 자금조달은 한반도의 위험을 줄일 수 있는 인센티브로서 장기·저리대출에 참여하는 해외기관투자자에 대해 남북한의 미래기술을 활용한 예비유니콘의 지분참여옵션을 제공한다.

이러한 새로운 접근 방법은 유니콘들이 크게 성공할 경우, 비교적 단기간에 남북한 모두에게 엄청난 이익을 제공할 것이기 때문에 첫째, 해외 투자자들도 이러한 대출과 투자옵션이 혼합된 투자패키지를 선호할 수 있으며, 둘째, 핵을 이미 확보해서 경제이슈가 중요한 북한으로서도 보다 능동적으로 참여할 유인이 있고 셋째, 그렇게 때문에 북한이나 4강 등 외부세력들도 돌발행동을 자제하고 이 새로운 접근방법의 정착과 성공을 바라고 그를 위해 행동해줄 수 있다고 생각된다.

금융허브도 발상을 완전히 바꿔야 한다. 기존의 아날로그방식의 금융허브 접근방법으론 절대로 금융서비스를 주업으로 하는 홍콩과 싱가폴을 넘을 수 없다는 생각이다. 하지만, 지금 전 세계가 디지털·모바일로 바뀌고 금융도 디지털금융(핀테크)으로 급격히 전환되고 있기 때문에 디지털금융허브로 접근하면 홍콩·싱가폴과도 해볼 만하다. 앞서 언급했듯이 남북한 모두 IT·디지털과 미래핵심기술에선 경쟁력이 있고 특히 남한은 전 국민이 디지털에 익숙해서 그 방면에서 테스트마켓, 테스트베드론 거의 세계 톱이다. 그래서 쿠팡, 토스, 배민, 야놀자 등 디지털플랫폼을 활용한 유니콘들이 최근 많이 나왔다.

디지털금융허브로 접근하면 통일 한국도 금융허브 중심지가 될 수 있고 그렇게 될 때, 앞서 언급한 국제금융의 대출과 투자유인도 더욱 활성화될 수 있을 것이며, 대규모 통일조달비용도 무난하게 처리할 수 있다는 생각이다. 여기서 내친김에 디지털 금융허브에서 더욱 강력한 우리 남북한의 차별적 경쟁력을 부각시켜줄 새로운 개념의 허브를 제안하고 싶다. 소위'디지털 서비스허브'다. 이때 서비스에는 3차 서비스산업의 대부분, 즉 금융, 유통, 게임, 의료헬스, 부동산, 교육을 망라한다. 모든 서비스산업들이 디지털·모바일혁명으로 소비자 손안의 모바일스마트폰(플랫폼)으로 들어오고 있다. 이미 금융과 유통, 게임은 들어왔으며, 코로나19로 원격(온라인)의료가 본격화되고 있고 공간기술발달로 부동산도 공급자 중심에서 소비자중심으로 변화하고 있다. 최근 급성장하고 있는 프롭테크(Prop-tech)현상이 이를 단적으로 말해준다. 또한 교육도 이미 온라인교육이 대세로 바뀌고 있고 곧 글로벌 연결이 본격화되어 손안의 서비스산업으로 들어올 것이다. 이렇게 서비스산업이 디지털·모바일로 모두 소비자 손안으로 들어오고 서로 시간·공간제약 없이 연결, 융합되기 시작하면 남북한의 디지털 서비스허브의 경쟁력은 훨씬 강력해질 것으로 생각된다. 금융 외에 뚜렷한 서비스산업이 없는 도시국가 홍콩, 싱가폴에 비할 바가 아니다. 영국은 브렉시트로 어려움을 겪고 있고, 중국도 미중갈등과 IT대기업의 권력강화를 경원시하기 때문에 상하이도 주춤할 것으로 예상된다. 통일 한국의 디지털 서비스허브가 빛을 발할 때가 올 것이다.

4 기대효과: 남과 북이 함께 디자인한다

이처럼 발상전환과 새로운 방법으로 접근하면 무엇보다 남한도 북한도 미래산업에서 경쟁력을 갖추고 큰 이익을 낼 수 있다는 기대 때문에 자발적 적극적 협력이 가능하고 도중에 북한이 다른 생각을 바꾸는 돌발 위험도 줄일 수 있는 효과가 있다.

또한 통일 한국의 미래산업을 함께 디자인한다는 생각과 국제 경쟁력을 갖는 국가비젼으로 통일 한국의 정치·경제·사회적 통합에 도움을 줄 수도 있다.

미래 신산업에서 단기간에 급성장, 성공하는 유니콘(1조원 이상의 기업가치)을 만들 수 있을 것이기 때문에 장기조달의 부채비용을 debt-equity 스왑 형태로 상계처리할 수도 있어서 단기간에 통일 한국의 경제·산업구조를 안정시킬 수 있다. 또 여기 참여한 국제자본에도 이익기대감으로 일관성 있는 적극적 참여를 유도하여 대규모 통일비용의 무난한 조달과 경제불안정 제거는 물론, 안보에도 도움을 받을 수 있다.

통일한국의 미래는 카뱅을 보면 아이디어를 얻을 수 있다. 카뱅 초기에 누구도 말도 안된다고 했다. 하지만, 미국, 일본에서 나왔던 인터넷 은행은 지금 한국의 인터넷은행과는 전혀 다르다. 미국, 일본 등은 PC은행 형태이었지만 지금은 모바일은행이다. 손안에 은행이라는 완전히 다른 개념이다. 우선 뱅킹 쪽에서 한국은 완전히 모바일뱅킹의 방향으로 가서 현재 카뱅의 시가총액 40조원이 말해주듯 경천동지할 변화를 이끌어냈다. 다음은 캐피탈 마켓이 될 것이고 보험도 바뀔거라고 생각한다.

한국 금융은 아닐로그금융이 아닌 디지털 금융으로 가야 한다. 아날로그로는 홍콩과 싱가포르를 쫒아갈 수 없기 때문이다. 일단 디지털금융으로 시작하고 그 다음은 디지털금융의 경쟁력을 활용해서 아날로그금융도 끌고 와야 한다. 디지털로만은 갈 수가 없다. 여의도 등 지역적 인프라를 활용해서 디지털로 시작해서 아날로그를끌고 와야 한다.

하지만 진짜 중요한 건 그 다음이라고 생각한다. 디지털금융에서 멈춰서는 안 되고 금융을 포함한 다양한 서비스산업(예 : 유통, 게임, 문화콘텐츠, 의료헬스, 부동산, 교육 등)의 디지털서비스허브(디지털서비스플랫폼)으로 확장해야 한다. 4차 산업혁명 하에서는 손안의 모바일플랫폼 안에서 기술과 비즈비스모델의 융합을 특징으로 하기 때문에 얼마든지 다양한 서비스산업의 결집과 융합이 가능하다. 이러한 서비스산업은 이미 한국의 경쟁력이 상당히 우위에 있는데다, 한국민이 2S(small & speedy)에 대해 강력한 장점을 갖고 있다. 따라서 디지털서비스허브를 구축할 경우 시간이 지날수록 국제적 경쟁력이 세질 것임에 틀림없다.

홍콩, 싱가포르가 금융부문에선 경쟁력이 있을지 모르지만, 게임, 유통, 문화콘텐츠 등 다른 건 절대 못 쫓아올 것이다. 미중 갈등이 계속되는 한 상하이도 주춤할 것이다 내부적인 이유 때문에 데이터를 통재하고 융합에 소극적일수밖에 없는 중국은 주춤할 가능성이 높다고 생각한다. 중국은 차명제여서 데이터에 대한 부담이 만만치 않다.

따라서 한국이 찬스다. 상하이, 싱가포르, 홍콩이 주춤할 것이고, 영국도 브렉시트 때문에 한동안 적극적이기 어렵다. . 또한 통일한국은 오래 걸릴겠지만 금융허브는 지금부터 바로 치고 나갈 수 있다. 디지털 금융허브, 디지털 서비스 (플랫폼)으로 전략적 마인드를 갖춰야 할 때다.

또한 젊은 세대가 주역이 되어야 한다. 플랫폼도 지금까진 2D였다. 메타버스가 터지고 젊은이들이 이에 열광하는 이유는 3D 플레폼이기 때문이다. 아바타를 통해서 본인과 동일시하는 감정 이입의 새로운 단계까지 확장됨으로써 메타버스는 이미 가상뿐 아니라 현실, 또한 가상과 현실의 융합 등 다양한 플랫폼환경을 만들어냈다. 메타버스 기술은 5년 내로 모든 산업을 메타버스

인프라와 플랫폼 안에서 구현할 가능성이 있다. 또한 메타버스산업은 일종의 가상산업이기 때문에 이 산업에 한해 가상화폐 또는 가상자산을 사용하도록 함으로써 현재 가상화폐로 겪고 있는 혼란을 없애고 메타버스산업 내에서의 가상화폐·가상자산의 활용으로 시행착오(Trial & error)를 통한 가상화폐에 대한 효율적 사용방법 등을 큰 부작용 없이 정착시킬 수도 있을 것이다. 이러한 점을 고려하면 남북한 공동의 디지털 화폐발행을 추진하고, 민간 차원의 가상 화폐도 남북한이 같이 만들어서 메타버스산업과 같은 신산업과 가상산업을 육성하고 그 과정에서 블록체인, 보안, 가상화폐기술 등 미래기술과 연결하면 어떨까. 메타버스산업이라는 남북한의 신산업 육성은 물론, 블록체인기술, 동시에 남북한정부 공동의 디지털화폐 발행을 통한 통일한국의 디지털금융 및 디지털서비스허브의 경쟁력 제고에 큰 힘이 될 것이며, 동시에 남북한 젊은 세대들이 '손에 손잡고' 아시아와 세계를 누빌 수 있는 미래산업과 미래 핵심기술의 역군이 될 수 있지 않을까.

앞으로 통일한국을 누가 주도할 것이냐? 바로 젊은 친구들, 남북한의 MZ세대가 그 주역이 돼야 하고 우리는 미래 한반도, 통일한국을 위해 그 인프라와 기반을 조성해 줘야 할 것이다.

제4부

종합토의

종합토의

조동성 정유신 교수님께서는 지금까지 발표된 모든 내용에 화룡정점과 같은 메시지를 주셨습니다. 이 포럼을 기획한 라인길 글로벌피스재단 사무총장의 메시지를 들어보십시다.

라인길 오늘 발표하신 박사님, 토론에 임해주신 모든 전문가님들 감사드린다. 남북 통일에 대한 얘기, 경제에 대한 얘기, 금융허브 어떻게 한국이 할 수 있나 하는 것은 가장 중요하게 보게 될 때 다음 세대에 어떤 희망과 비전 줄 수 있는 건가 메시지 담겨 잇지 않으면 현실성 갖지 못할 거라는 생각이 든다. 한강의 기적을 이뤄오면서 정부가 재벌 중심의 강력한 드라이브를 걸어왔는데, 한국 현대 사회가 발전하는 과정상 이렇듯 필요한 시기가 있었지만 반면 지금은 그러한 시대가 아니지 않는가? 재벌 중심의 정경유착이 오히려 창업과 경쟁을 하려는 걸 억누르고 부패를 증가시키고 국민들 간의 계급적 불만 일으키고 있는데 우울해지는 부분이 청년세대에게 부정적 영향 미치고 있기 때문에 미래 비전이라는 내용 속에서 오히려 좌절감을 잊지 않고 여러 박사들이 말해주신 것처럼 희망과 용기, 메시지 자여스럽게 나온다면 이번 포럼을 통해 하나의 결실이 될 것 같다. 이 내용들 가지고 시민들, 정부 움직이는 통일 운동으로 가는데 청년들과 젊은 세대들에게 이런 희망의 메시지가 나왔으면 좋겠다.

조동성 한국 젊은이뿐만 아니라 실망과 좌절속에 있을 북한 젊은이를 포함한 젊은세대를 위해 발표자들이 희망메시지를 말씀해 주십시오.

남광규 비전 뿐만 아니라 세부적 내용 논의까지 해서 공부가 많이 됐다. 오늘이 주제도 그거와 연관되는 것 같다. 미중대립의 확대와 팬더믹 영향으로 동북아시아에서 북핵문제 관심도가 저하된 부분이 있다. 오히려 이런 부분에서는 지금 미중관계 대립이 정치, 안보로 가게 되면 경제 부분까지 격화될 수 있다. 그런 측면에서 미국과 중국의 대립이 현실이기 때문에 경제 이슈로 패러다임이 전환돼야 하고 그게 모두에게 이익이 될 수 있다. 미중 사이에서 경제가 어느 정도 조율이 가능하면 북한 문제도 그 속으로 휩쓸려갈 가능성도 있다. 북한은 이미 핵능력을 갖추었기 때문에 북한 주민들의 삶을 향상시키는 경제적 필요성을 느낄 수밖에 없다. 그리고 북한의 경우 젊은 인재들이 정보통신기술(ITC) 등 4차 산업과 관련한 인적 훈련이 예상보다 높은 수준이다. 대한민국의 청년들은 이 분야에서 뛰어난 능력을 갖고 있다. 정치, 안보 문제만 해결되면 남북의 청년들이 최고의 능력을 발휘할 수 있는 분야가 이 분야가 될 수 있다. 실제 우리의 카이스트와 유사한 북한 이과대학 출신의 탈북 청년이 서울대 관련 학과에 다니고 있는데 북하에서의 교육 내용과 거의 비슷하다고 한다. 4차 산업으로의 변화는 원코리아 속이 남북한 청년들에게도 충분한 기회가 될 수 있고 남북한이 세계중심국가로 도약할 수 있는 기술문명적 발판이 될 수 있다.

천규승 발제할 때까지만 해도 어떻게 공감대 얻을까 고민했는데, 토론 내용을 들으면서 가슴이 터져 나갈 것만 같다. 벅차올랐다. 국민적 공감대 형성이 가능하리라는 기대를 하게 되었다. 토론 과정에서도 이야기가 나왔지만, 우리가 이야기하는 금융 허브는 기존의 칸막이가 되어 있는 올드 패러다임의 금융이 아니라, 핀테크와 테크핀 중심의 새로운 금융을 말한다. 올드 패러다임의 금융은 뉴욕이나 런던, 상해 쫓아가기 어렵다. 기축통화를 보유하지 못하고 있기 때문이다. 우리가 얘기하는 새로운 금융이란 DeFI 중심의 금융을 얘기하는 거다. 카카오뱅크와 같은 인터넷전문은행이 몇 년 사이에 4대 시중은행을 능가하는 규모로 클 수 있었던 배경은 정부 당국이 인터넷전문은행을 기존의 은행으로 보지 않았기 때문이다. 기존의 은행에는 규제가 굉장히 많다. 우선 금산분리의 원칙이 산업자본의 금융 진입을 막고 있다. 이러한 규제가 우리 금융산업의 발전과 경쟁력 강화에 절대적으로 장애요인이 된다. 금융을 부가가치가 높은 고유한 산업으로 보지 않고 기존 산업의 자금 조달에 도움을 주는 중개 기관으로만 생각하는 것이다, 그러나 인터넷 전문은행은 당국이 금융회사로 간주하지 않았기 때문에 이용자가 선호하는 첨단 IT 기반의 빅테크로 커나가는데 아무런 지장이 없었다. 우리의 IT 산업 성공할 수 있었던 것도 정치권이나 규제 당국이 IT 산업에 관한 전문적 식견이 없었기 때문에 불필요한 규제의 틀에 가두지 못한 까닭이 크다. 기성 금융은 너무도 촘촘한 규제로 묶여 있지만 디파이 쪽은 아직도 여지가 많이 있다. 노력한다면 충분한 가능성 볼 수 있을 것으로 생각한다.

과거 우리는 일본의 소니 워크맨이나 코끼리표 밥솥을 부러워한 적이 있다. 당시 학계에서는 우리가 절대로 일본 따라갈 수 없다고 단언했다. 우리는 일본보다 시장이 작아서 소비자가 원하는 상품을 만들어내기 어렵다는 것이었다. 그러나 20년 만에 소니가 사라졌다. 그 사이에 우리 삼성이 컸고, 현대가 컸고, SK가 컸다. 세계 시장에서 우리 제품이 일본 제품을 능가하고 있다. 우리가 디지털 패러다임을 받아들였지만 일본은 아나로그 방식을 고수했기 때문에 세계 시장의 추세를 따라가지 못한 것이다.

금융도 그런 식으로 새로운 패러다임으로 접근해야 한다. 장소적 여건을 생각하는 기성 금융이 아니라 빅테크의 전진 기지로서 플랫폼 역할을 해야 한다. 전 세계에는 10억 명 가까이 은행시스템의 혜택을 받지 못하는 사람들이 있다. 새로운 금융허브는 이 사람들을 위한 전진기지 역할을 해낼 수 있다. 북한도 마찬가지이다. 북한은 2014년 상업은행법이 제정된 이래 다양한 은행이 영업을 하고 있지만, 주민생활에는 영향을 미치지 못하고 있다. 북한주민들은 오히려 은행시스템을 불신한다. 원치 않는 자산정보를 빼내가는 도구로 생각한다. 금융허브가 구축되어 남북 발전의 계기를 만들게 되면 신뢰회복의 새로운 가능성 볼 수 있을 것이다.

안유화 박사가 거론한 작고, 강한 기업도 필요하지만, 재벌도 재벌로서의 기능을 살려나가야 한다. 작고 강한 기업이 발전하기 위해서는 대기업 협조가 필요하다. 새로운 금융 플랫폼과 현대, LG, SK 플랫폼이 서로 경쟁해나가면서 젊은 인력들이 새로운 가치 창출할 수 있는 도전의 기반이 된다면 MZ세대의 경제적 정착에 결정적 도움이 될 것이다.

우리가 기성 금융금융권에 편입되지 않은 제3의 금융허브로서 독자적 영역을 확보하지 않으면 미중 양진영에 휩쓸려 버리게 될 것이다.

조동성 통일이 되기 위해서는 국제적인 협력이 필요하다고 봅니다. 특히 중국, 러시아, 일본, 미국 등 주변 강대국들의 영향이 크다고 생각한합니다.

그렇다면 그 국가들이 통일에 적극적으로 협조할 수 있도록, 통일이 그들에게 경제적으로 어떤 도움이 될 수 있게 만드는게 중요하다. 어떤 방법이 있는지요?

남광규 모두에게 긍정적인 영향을 미치는 부분들이 있다. PPT 참고해달라. 원코리아가 도움이 된다는 부분이 절실하게 필요한 부분이다. 그 시작으로서 금융 허브 모색은 우리뿐만 아니라 일본, 중국, 러시아, 미국에게도 이익이 될 것이다.

조동성 두 가지 이슈에 대해 다음과 같이 논의하고 싶다.

1. 북한을 저임금 노동력을 공급하는 국가로 보지 말고 새로운 미래를 여는 기회의 장소로 생각하자. 이 말이 가슴에 와닿았고, 반성하게 됐다. 저도 사실 지금 막연하게 나마 남북이 통일되면 한국이 앞으로 10년 정도는 저임금 노동력을 활용할 수 있겠다는 생각에서 벗어나지 못했었다. 오늘 천 교수님을들 비롯해 여러분의 발표를 들으면서 북한을 열등한 나라로 보지 말고 오히려 당당한 우리의 파트너, 더 나아가서 더 존중하고, 배울 수도 있고 우리가 하지 못하는 역할을 해주는 귀빈으로 모셔야 하지 않을까. 이런 생각을 하게 됐다. 큰 깨달음이다.

2. 두 번째로, 저는 평생 경영경제분야를 금융과 실물로 나눴었다. 이 두 개가 따로 존재하면서 있다고 생각했다. 오늘 저는 이 토론을 통해서 금융과 실물을 두 개로 나눌 게 아니라, 금융에서 실물을 바라보고 실물에서 금융을 바라볼 때 두 분야 사이에 벽이 쳐지지 않은 하나의 세계로 이해해야한다는 것을 깨달았다. 금융과 실물을

하나로 보고, 두 분야의 이론과 현장을 함께 경험하면서 금융에 대한 정책, 실물에 대한 정책을 하나로 합친 경제 정책을 구사해야 한다는 믿음이 생겼다. 예를 들어 디지털금융, 블록체인, 크립토 코인을 다룰 때에도 금융과 실물을 하나로 보고 정책을 만들어서 집행하는 정부가 이끄는 국가가 새로운 세상을 선도할 것이라는 생각이 든다.

3. 위 두 가지 이슈를 결합해서 제안을 해보겠다. 우리는 오늘 한국이 글로벌 머니를 끌어들이고 글로벌 금융을 이끌어야 한다는데 모두 동의했다. 근데 이러한 역할을 한국이 아니라 북한에게 맡기면 어떨까? 다시 말해서 북한이 글로벌 금융의 허브가 되고, 북한의 정부와 북한의 주민들이 규제 없는 국가를 만들면 어떨까?

북한의 젊은이들은 디지털 분야에서 한국의 젊은이 못지않은 능력을 가지고 있다. 북한은 어찌보면 백지 같은 나라이다. 이런 나라야말로 새로운 글로벌 금융 만드는 데 있어 최적의 장소가 아닐까? 남북 통일로 나아가는 큰 정책을 수립하는 데 있어서 지금까지 우리가 가졌던 것처럼 북한을 값싼 노동력을 제공해주는 열등한 나라로 보지 말고 오히려 세계를 이끄는 모범 국가로 나가는 역할을 하도록 기대하고 우리의 대북정책을 세우면 어떨까? 이런 제안이 논리적으로 적합한지는 모르겠지만 발상의 전환 차원에서 감히 제안 겸 질문을 드린다. 여러분이 제 질문에 대해 답변해주기 바란다.

천규승 아주 좋은 말씀이다. 기본적으로 돈은 신뢰를 기반으로 움직인다. 북한은 신뢰를 주지 못했었기 때문에 북한을 글로벌 금융허브로 만들려면 북한이 얼마나 신뢰할 수 있는 국가로 만드느냐가 핵심이 될 것이다.

그렇게 하려면 남한이 먼저 빅테크 중심의 금융허브를 구축하여 유치한 글로벌머니가 자유롭게 북으로 드나들도록 만들어 북의 신뢰 기반을 조성한 후에 북을 금융의 전진기지로 만들 수 있지 않겠나 생각한다.

정유신 정말 동감이 많이 간다. 새로운 발상의 전환은 현실적인 제약이 없으면 할 수 있다고 생각. 이건 정말 좋은 아이디어다. 제약을 어떻게 극복할거냐. 극복도 현실적인 극복이 있을 수 있고, 그 극복도 파격적일 수 있지 않나. 시간이 좀 필요하겠지만. 예컨대 디지털이지만 본부를 평양에 두는 거죠. 돈 가지고 꽂고, 남한 자본하고 중국 개혁개방할 때 믿었겠냐. 중국도 애국적인 생각으로 했을 테니까. 그 한상을 믿고 국제 금융도 들어가고 하면 역발상이지만 신뢰가 생긴다고 생각한다. 국제금융 유입시 반드시 안성적 장치 만들려면 볼장 다본다. 유니콘 만들고 그 기회를 주어야 한다. 좀더 용이하게 들어올 수 있다고 본다.

윤경희 총장님 아이디어는 좋은 아이디어지만 현실적인 문제. 금융은 정말 신뢰다. 그리고 UN제재 때문에 안 된다. 돈은 리스크 테이킹을 중시한다. 지금 북한이 갖고 있는 여러 리스크가 현실론으로서는 허브로 얘기하기는 너무 앞서가는 거 아닌가. 근데 그러나 실제 은행에서 실물적으로 북한의 페이퍼링 산정은 많이 한다. 디스카운트해서 팔기도 하고. 북한의 허브를 얘기하기에는 앞서가는 거 아닌가 솔직한 생각이다

조동성 윤경희 회장의 논리는 현실을 직시할 때 누구도 반대할 수 없을 듯하다. 다만 악마의 변호인 정도로 번역될 수 있는 데블즈 애드버킷(Devil's advocate)입장에서, 즉 양면이 있는 동전의 반대 쪽 시각에서 반론을 제기해보겠다. 금융이 신뢰라고 하셨는데, 이는 편견일까 실제일까?

돈 가진 사람들이 버진 아일랜드(Virgin Island)에 가서 회사를 설립할 때에는 버진 아일랜드가 신뢰를 주는 나라이기 때문에 가는 게 아니라 규제가 없기 때문에 간다. 신뢰와 함께 규제라는 게 또 하나의 축인데 두 개가 다 있으면 최고이지만 금융의 성격에 따라선 규제가 있더라도 신뢰를 찾아가는 금융과 신뢰가 없더라도 규제가 없기 때문에 찾아가는 금융이 있지 않을까?

윤경희 북한, 버진아일랜드 비교하면 북한은 규제가 없다고 하기에는 사실에는 규제가 있죠. 규제가 자의적이다. 예측이 불가능합니다. 버진 아일랜드는 확실한 베네핏이 있고, 모든 활동에 대해 확실히 클리어한 게 있다. 버진 아일랜드는 시스템이 잇고, 북한은 규제가 없는 만큼 리스크가 높다. 돈 가진 사람들은 그리 보지 않을까 싶다.

조동성 반론에 대한 반론에 대한 반론을 제기한다. 북한은 해킹으로 유명하다. 신뢰 반대쪽이 해킹인데. 극과 극은 통한다는 얘기가 있다. 극과 극이 언제 통하냐면 플랫폼이 바뀔 때다. 지금 디지털 금융 중에서도 블록체인 기반 암호화폐로 인해 금융의 펀더멘탈이 달라지고 있다. 블록체인의 생명은 조작이나 변조 불가능이라고 한다. 만약 그 말이 맞다면 그 시스템은 북한에서도 통해야 한다. 신뢰를 받지 못하는 북한 경제를 블록체인이 극복하지 못한다면 그건 블록체인이 아니다. 더 나아가, 북한이 세계금융의 중심이 될 수 있고, 그 역할을 통해 북한이 지금보다 훨씬 더 큰 부를 축적할 수 있다는 판단을 북한정부가 한다면 북한 정책기조를 바꿀 수 있지 않겠는가? 물론 이런 의견은 현실을 전제로 한 것이 아니고 북한주민들을 같은 동포로서 생각하면서 꿈꿔보는 희망사항(wishful thinking)이다.

천규승 결국 관건은 금융허브를 남한이나 북한에 두자라고 하는 것이 아니라, 우리가 통일경제의 관점에서 북을 보는 거다. 남한이 북의 리스크 테이크를 하지 못하면 통일은 실현하기 어려울 것으로 생각한다. 금융허브를 북한에 두겠다는 것은 그야말로 획기적인 발상의 전환이 될 것이다. 현실적으로 북한은 글로벌 제재를 받고 있어 우리가 당장 뭘 할 수 있는 상태가 아니지만, 전향적으로 고려할 때 북에 금융허브를 설치하자는 논의는 북을 국제 사회로 이끌어낼, 기가 막힌 신기한 신의 한 수가 될 수도 있을 것이라는 생각이 든다.

안유화 조동성 총장님 의견에 200% 동의한다. 현실의 제약을 대면 아무 문제도 해결이 안된다고 생각한다. 북한 김일성 종합대학이 연변대학와서 금융을 배운다. 연변대학에 와서 배운다. 이들이 애 금융을 왜 갑자기 배울까? 북한 내부에서 금융을 만들어야겠다는 지도자의 생각 때문. 금융인재를 만들고 있다.

한국에서 표현을 쓸 때 북한 도와줘야 한다는 생각 잘못됐다고 생각. 북한 사람들 한국 사람들보다 훨씬 더 융통적이고 개방적이다. 훨씬 비즈니스 적이다. 그래서 도와준다는 표현에 대해 잘못됐다고 생각한다. 교육이 가능하다고 본다. 평양 과기대가 엔지이너하고 금융을 가르친다. 북한이 어떻게 없는 신용을 만들까. 예를 들면 이런 것도 가능하다, 위엔화로 쓸 수 있는 코인을 만들 수 있다. 북한의 신용을 위엔화에 거는 거다. 그렇게 코인 발행하면 필요한 파이낸싱 다 할 수 있다. 저는 일단은 한국 입장에서 정확히 파트너로 바라봐야 하고, 북한 사람들이 의외로 한국에 대해서 훨씬 오픈되고 협력자로 같이 가자는 생각이 훨씬 크다. 그래서 저는 사실 유엔 제재 때문에 한국인들이 직접 하는 게 불가능하기 때문에 한인 교포들을 하나의 플랫폼으로 활용할 수 있다고 설명하는 것. 우리가 생각하는 이 논리대로 가면 아무 문제도 풀 수 없다. 우리가 선입견과 편견을 버리고 해야만 문제를 풀 수 있다.

정유신 금융 뱅킹이 모바일로 바뀌고 금융이 하나로 모일 거라고 생각하는데 중요한 요소 하나가 대출이라는 게 있고, 투자라는 게 있지 않나? 투자는 파이낸싱에 투자하는 거지 지금 운용사가 투자하는 투자는 경제에 도움이 되는 투자는 아니다. 말씀드리고 싶은 건 기업 차원에서 봤을 때 북한에서 우리가 신산업을 일으키고 한다면 처음 할 때 부터 큰 기업 만들고 그런 거 아니지 않나. 그런 것들을 잘 만들어서 빠르게 클 수 있는. 그런 걸 하려면 금융 쪽에 투자 영역. 기존 투자 말고 비상장의 벤처 캐피탈 같은 투자를 허브의 한 축으로 '특허 허브' 생각할 수 있지 않나. 어디로 부터 시작할 것인가. 그런 각도에서 생각 해봄 아주 이해가 된다.국 제 금융 엮으면 한계를 돌파하면서 같이 가능하지 않을까? 작년 7월부터 금년까지 웨비나 해보면 훨씬 좋다. 굉장히 많은 아이디어 얻었다. 크라우드펀딩. 한류도 있고 하나 같이 하자.

조동성 정유신 박사가 국제 금융, 특히 글로벌 머니 유입 방법으로 대출과 투자를 언급했는데 좋은 분류방식이다. 이에 대한 제 직접 경험을 말씀드리겠다. 저는 오일쇼크가 터진 1970년대에 당시 석유메이저 7개 회사 중 하나였던 미국 걸프 오일 회사(Gulf Oil Corporation)의 피츠버그 본사에서 해외 전략개발(International Strategy Development)을 담당하고 있었다. 당시 회사 내부에서 사용한 투자 가이드라인이 있었는데, 투자대상국의 경제수준에 따라 투자 대비 수익

(Return on Investment: ROI) 기준이 달랐다. 투자대상국이 선진국이라면 10~20% 수준만으로도 투자하고, 중진국이라면 30~50% 수준, 개발도상국이라면 50-100%였던 것으로 기억한다. 다시 말해서 개도국이라도 투자한 돈을 1~2년에 뽑아낼 수 있다면 투자한다는 뜻이다. 신뢰가 중요하지만 그래도 상대적이다. 북한이 아무리 신뢰가 없더라도 1~2년 안에 투자액을 뽑을 수 있는 기회가 있으면 어떤 선진국 기업이라도 할 것이다.

윤경희 이해가 가는 질문이고, 100% 된다는 믿음이 있다면 할만한 데가 없다고 말은 못 하겠다. 그러나 상식으로 판단할 때 북한이 100%를 이자를 주면서 돈을 빌릴만큼 절박한가도 퀘스쳔이지만 그거를 믿고 100% 갚을 거라고 의사가 있다고 신뢰가 안산다.

조동성 대출을 업으로 하는 금융기관이라면 윤경희 회장 말씀이 맞을 수도 있다. 그러나 투자는 대출과 다르다. 투자에서는 100% 수익을 올릴 수 있는 사업이 얼마든지 있다. 지금 서울에서도 100% 수익을 올리는 사업이 존재한다. 세상은 요지경이고 이런게 비즈니스다.

천규승 현재로선 북한은 투자 결과 100% 수익을 올릴 만한 구조적 역량을 갖추지 못하고 있다. 설사 북한에 투자해서 100% 수익을 올릴 수 있다고 하더라도 현실적으로 수익의 전부를 북한 밖으로 투자자가 가져 나올 수 없고, 북한에도 귀속되는 부분이 있기 마련인데, 그 돈이 어디로 갈지를 신뢰할 수 없기때문에 신뢰관계 구축이 우선되어야 한다. 금융 허브를 논의하면서 북에 인민폐를 중심으로 디지털 코인을 만들기보다는 우리 원화 기반, 또는 달러 기반의 코인을 만드는 것이 합리적이다. 인민폐 중심의 코인은 북한 경제를 중화경제권에 예속하게 만들 우려가 있다. 북한 사회에서는 달러라이제이션이 상당히 진전되어 있다. 북중 접경지역을 제외할 때 장마당 경제에서 북한의 원화나 중국 인민폐보다 미국의 달러화를 더욱 신뢰한다.

김동호 심층적인 현실 진단을 넘어 큰 상상력이 발휘되는 논의까지 이어졌다. 지금 당장은 현실적으로 볼 때 우리가 할 수 있는 것부터 하나씩 해나가야 한다. 우리가 상상력을 발휘한 부분이 현실이 되려면 지금 당장 미흡하거나 안 되는 부분들부터 해소해야 한다. 앞으로 계속 논의를 진전해나갔으면 좋겠다.

조동성 금융이란 무엇일까? 마무리 겸해서 오늘 우리 토론의 키워드를 연결해 보면 금융에서 중요한 것은 윤경희 회장께서 신뢰, 안유화교수께서 사람이라고 했는데 해법이 여기에 있다고 본다.

1) 북한 청년들을 저임금으로 노동력을 제공하는 사람으로 보지 말고, 이들을 글로벌 디지털 금융서비스의 최고 전문가로 양성을 해서 이들이 북한을 이끌고 나가는 주체로서 역할하도록 천규승 이사장의 교육 센터가 역할을 하고

2) 정유신 교수께서 말씀한대로 남북의 MZ 세대가 바로 글로벌 디지털 서비스로 전 세계를 이끌어가는 주체가 될 수 있도록 이들을 교육시킨다면 오늘 우리가 상상으로 생각한 미래, 즉 북한과 한국이 하나가 된 한반도가 글로벌 금융서비스의 허브가 되는 꿈이 현실이 될 수 있으리라는 기대를 해본다.

저자 소개

조동성 | 산업정책연구원 이사장 겸 경인방송 회장

교육 서울대 경영학과 졸업, 하버드대 경영학 박사

경력 서울대 경영대학 교수 및 학장, 인천대 총장, 안중근의사기념관장

저술 AI시대의 경영전략, 자본주의5.0, 크리에이티브 솔류션:창조의 벽을 뛰어넘는 방법, 디자인혁명, 메커니즘기반관점 등

남광규 | 고려대학교 아세아문제연구원 북한연구센터장

교육 고려대학교 정치학 박사

경력 현 고려대학교 아세아문제연구원 북한연구센터장, 매봉통일연구소 소장

저술 『미국·중국·일본·러시아의 대북 국가이익』(편저, 고려대 아세아문제연구원, 2021) North Korea and South Korea (Co-Authors, nova sciences publisher, New York, 2020), 『한국 근대 공화주의자 6인의 리더십』(공저, 한국학중앙연구원 출판부, 2019), "U.S. Strategy and Role in Cross-Strait Relations: Focusing on U.S.-Taiwan Relations,"(The Journal of East Asian Affairs, Vol. 33 Spring/Summer, 2020), ""The North Korea Policy of Moon Jae-in administration and the relations of South Korea-U.S.,""(The Asian Education and Development Studies, Vol. 8, No. 1, 2019) 등의 최근 저술이 있다.

천규승 | 미래경제교육네트워크 이사장

교육 건국대학교 경제학 박사

경력 한국개발연구원 경제교육실장, 숙명여대 교수, 한국금융교육학회 회장

저술 경제는 습관이다, 생산·소비·분배 이야기, 금융생활 내비게이션, 남북금융용어사전, 경제를 알면 미래가 보인다.

김동호 | 중앙일보 논설위원

교육 연세대 신문방송학과, KDI 대학원 석사, 동국대 경영학 박사

경력 중앙일보 도쿄특파원, 경제연구소장, 콘텐트제작에디터

저술 대통령 경제사, 소니가 삼성에 따라잡힌 이유는, 반퇴의 정석

저자 소개

윤경희 | 두나미스 회장

교육　서울대 법과대 행정학과, 국민대 법무대학원 석사

경력　현재 두나미스(주) 회장
씨디엔알 한국회장
맥쿼리증권 한국회장
우리은행 사외이사
아이엔지 한국대표
국민은행 사외이사
한국종합금융 이사

안유화 | 성균관 대학교 대학원 교수

교육　고려대 경영학 박사

경력　한국 외교부 재외동포분과 자문위원
미국 CO2 Network 전략총괄(CSO)
UN HABITAT 기획전문위원
중국증권행정연구원 원장
상장회사 Nexteye 감사

정유신 | 서강대학교 기술경영대학원장

교육　서울대 경제학사. 서강대 경제학석사, 건대 부동산대학원석사, 미 펜실베니아대학 경영학석사(워튼MBA), 중국 인민대학 재정금융학원석사. 경기대 경제학박사.

경력　대우경제연구소 금융팀장, 대우증권 IB본부장, 신한금융투자 부사장, SC은행 부행장, SC증권 대표이사, 중기부 산하 한국벤처투자 대표이사, 금융위 산하 한국핀테크지원센터 이사장, 금융발전심의위원, 금융위 자체규제심의위원, 금융위 금융중심지위원, 중기부 자문위원, 기재부 기금평가위원, 중국자본시장연구회장.

저술　핀테크 기회를 잡아라, 중국이 이긴다, 투자의 시계(공저), 인간을 위한 미래(공저), 애프터코로나 투자의 미래(공저), 대학생을 위한 실용금융(공저)